PLÖTZE (Rotauge)

Was sind Plötzen?
Plötzen haben silbrige Schuppen, rote Augen und rote Flossen. Sie gehören zu den Karpfenfischen und zu den Friedfischen, denn sie jagen keine anderen Fische. Den Sauerstoff, den sie zum Atmen brauchen, können sie wie alle Fische durch ihre Kiemen aus dem Wasser aufnehmen. Ihre Ohren, mit denen sie unter Wasser sehr gut hören können, sind im Kopf versteckt.

Wo leben Plötzen und was fressen sie?
Plötzen sind Schwarmfische. Sie leben in Seen oder langsam fließenden Flüssen. Am liebsten fressen sie Wasserpflanzen, Würmer, kleine Schnecken und Wasserflöhe. Plötzenmamas legen bis zu 100.000 Eier im Wasser ab, das nennt man laichen. Anschließend werden die Eier durch die Samenzellen des Plötzenpapas befruchtet. Die Eltern brauchen sich nicht um ihren Nachwuchs zu kümmern. Der schlüpft nämlich ganz allein nach einigen Tagen.

Welche Superkräfte besitzen Plötzen?
Plötzen können unter Wasser schweben, ohne mit ihren Flossen paddeln zu müssen. Dazu pumpen sie Luft in ihre Schwimmblase hinein, indem sie entweder Luft an der Wasseroberfläche schlucken, oder sie entsteht bei der Verdauung der Nahrung. Ist zu viel Luft im Bauch, lassen sie diese ab, indem sie kräftig pupsen. Plötzen haben Geschmacks- und Geruchszellen am ganzen Körper auf der Haut und können ihre Nahrung über weite Entfernungen im Wasser riechen und finden.

SCHLAUBERGERVORTRAG VON HERRN GÜNTER

Der Originaltitel erschien 2022 unter gleichem Titel bei Dragonfly.

Bisher erschienen:
Wer knackt den Rekord? (Band 6)
Was machen die Tiere zu welcher Jahreszeit? (Band 5)
Warum verkleiden sich Tiere? (Band 4)
Warum blinken Glühwürmchen? (Band 3)
Warum pupsen Schnecken (Band 2)
Warum haben Regenwürmer Superkräfte? (Band 1)

1. Auflage 2024

Neuausgabe

Mit freundlicher Unterstützung von Brotmann & Töchter GmbH
und Universal Music Family Entertainment
Einband und Illustrationen: Barbara Fisinger
Fachberatung: Dipl.-Biol. Ralf Rasch
Satz: Simone Horlacher/HarperCollins
Druck und Bindung: PnB Print Ltd.
Printed in Germany · ISBN 978-3-505-15287-0

www.schneiderbuch.de
Facebook: facebook.de/schneiderbuch
Instagram: @schneiderbuchverlag

KATI NAUMANN

Die kleine Schnecke MONIKA HÄUSCHEN

WARUM PUPSEN SCHNECKEN?

4 Sachgeschichten zum Staunen und Lachen

Mit Illustrationen von Barbara Fisinger

SCHNEIDERBUCH

1.

So eine Unordnung!

Welche Insekten räumen in der Natur Kackhaufen weg?

Es war sehr früh am Morgen. Im Dämmerlicht unter der Brombeerhecke lag ein gelb-braun gebändertes Schneckenhaus. Und in dem Schneckenhaus schlummerte zusammengerollt die kleine Schnecke Monika. Sie träumte von einer saftigen Kirsche und sabberte im Schlaf ein bisschen Schneckenschleim. Sie merkte gar nicht, dass sie nicht allein war. Neben ihr wartete nämlich schon seit einer ganzen Weile ungeduldig ihr bester Freund, der Regenwurm Schorsch. Gespannt guckte er immer wieder nach oben zur Hecke.

In diesem Moment kletterten die ersten Sonnenstrahlen über den Gartenzaun. Sie fielen auf dicke, glitzernde Tautropfen auf der Wiese. Alle Blumen öffneten langsam ihre Blüten, und die ersten Bienen und Hummeln brummten herbei.

Die Sonne wanderte ein Stück höher. Schorsch trommelte leise mit seinem Regenwurmschwanzspitzenzipfelchen auf die Erde. »Na los! Mach schneller. Das genügt noch nicht!«, murmelte er.

Da landete mit viel Geschnatter und Getöse der gelehrte Graugänserich Herr Günter auf der Wiese.

»Hab ich einen Hunger!«, rief er zur Begrüßung.

»Pscht!«, meckerte der Regenwurm und hielt den Gänseschnabel zu. »Sonst wecken Sie die Monika auf!«

Dann starrte der kleine Regenwurm wieder nach oben. Was war da bloß los? Nun erreichten die Strahlen der Morgensonne die Brombeerhecke. Und jetzt konnte

Herr Günter auch erkennen, dass dort eine komplizierte Konstruktion hing: An einem Spinnenfaden baumelte zwischen den Zweigen ein nasser Moosschwamm. Direkt darüber waren auf einem Ast ein paar Kieselsteinchen angehäuft. Die Sonne erwärmte das Moos, und ein kleines Dampfwölkchen stieg auf.

»Es geht los!«, freute sich Schorsch und zappelte aufgeregt.

Gerade noch war das Moos nass und schwer gewesen. Jetzt trocknete es, wurde immer leichter und schnellte plötzlich hoch. Es prallte gegen einen der runden Kiesel, der in der Hecke von einem Blatt zum anderen plumpste und dabei Tautröpfchen nach unten leitete. Sie fielen direkt in die Öffnung des Schneckenhäuschens. Platsch! Monika wurde von einem kalten Guss geweckt.

»Iiiih!«, quietschte die kleine Schnecke erschrocken. Dann versuchte sie sich auf den Kopf zu stellen, damit das Wasser aus ihrem Häuschen laufen konnte.

»Juhu! Es hat funktioniert!«, jubelte Schorsch.

Monika sah ihn neugierig an: »Was hat funktioniert?«

»Meine Erfindung!«, rief Schorsch begeistert. »Ich habe extra für dich einen Wecker erfunden!«

Herr Günter runzelte die Stirn. »Aber du warst doch die ganze Zeit direkt neben Monika. Warum hast du sie nicht einfach angetippt, um sie zu wecken?«

Schorsch kratzte sich nachdenklich am Kopf und schob seine Kappe nach hinten. Daran hatte er gar nicht gedacht. »Auf jeden Fall hab ich heute dafür gesorgt, dass Monika nicht verschläft«, brummelte er.

»Du bist derjenige, der meistens verschläft«, erinnerte ihn Herr Günter.

»Gar nicht wahr«, ärgerte sich Schorsch, »Monika bummelt immer.«

»Ich bin ja auch eine Schnecke.« Monika schüttelte die letzten Tropfen von ihren Fühlern und lächelte. »Bei mir geht nichts schnell!«

Aus Herrn Günters Bauch kam ein lautes, grummelndes Geräusch. »Wenn ich nicht gleich etwas frühstücke, verhungere ich!«, behauptete er. »Auf zum Gemüsebeet!«

Für einen Gänserich wie ihn waren das nur ein paar

Schritte. Für Monika und Schorsch dagegen war es ein sehr weiter Weg. Je näher die beiden dem Gemüsebeet kamen, desto merkwürdiger roch es. Monika schnupperte zuerst in die Luft, dann auf den Boden. Schließlich schnüffelte sie an Schorschs Regenwurmschwanzspitzenzipfelchen herum. »Warst du das, Schorsch?«, fragte sie.

»Ich?«, regte sich Schorsch auf. »Ich rieche sehr gut nach frischer Erde! Vielleicht bist du das selbst?«

Monika untersuchte ihren Saugfuß. »Nein. Ich dufte nach Schnirkelschneckenschleim.«

»Dann muss es der Herr Günter sein«, stellte Schorsch fest.

Sie waren so sehr mit Schnuppern und Schnüffeln beschäftigt, dass sie gar nicht mehr auf ihren Weg geachtet hatten. Aber als sie endlich am Gemüsebeet und bei Herrn Günter ankamen und sich umguckten, erkannten

sie den Garten kaum wieder. Was war das nur für eine Unordnung? Überall lag etwas herum: Müll, Papier, Obstreste! Und im Stachelbeerstrauch hatte sich eine Plastiktüte verfangen.

»Was ist denn hier passiert?«, fragte Monika entsetzt.

Herr Günter hob ratlos die Flügel. Schorsch entdeckte auf der Wiese sogar einen dampfenden braunen Haufen. Da hatte eindeutig jemand sein Geschäft erledigt!

»Hier stinkt's!«, schimpfte Schorsch. »Da muss ich mir gleich die Nase zuhalten!«

»Ein Regenwurm hat keine Nase«, bemerkte Herr Günter.

Schorsch wurde dunkelrosa vor lauter Wut. Er meckerte: »Das ist ungerecht! Es stinkt, und ich kann mir nicht mal die Nase zuhalten!«

Er beugte sich über den dampfenden Haufen. Wer hatte den bloß gemacht? Monika hielt lieber Abstand. Sie hatte Angst, dass ihr schönes, glänzendes Schneckenhäuschen schmutzig wurde.

»So was müsste verboten werden!«, brummte Schorsch.

»Das ist nicht möglich«, erklärte Herr Günter. »Was oben reingeht, muss unten wieder heraus!«

»Auch bei uns?«, staunte Monika.

»Selbstverständlich«, sagte Herr Günter und stopfte Salatblätter in sich hinein.

Schorsch guckte erst auf Herrn Günter und dann auf den Haufen. Beide waren sehr groß. »Vielleicht hat einer von uns diesen Haufen gemacht?« Dabei zeigte er auf Herrn Günter.

Der schüttelte empört seinen Kopf. »Ich mache doch keine Haufen! Ich fabriziere sehr schöne Gänsekleckse.«

»Und ich«, erklärte Monika, »mache ganz winzige Würstchen. Wie sehen denn deine Häufchen aus, Schorsch?«

Der kleine Regenwurm drückte. So lange, bis er einen roten Kopf bekam und sich aus seinem Po ein Häufchen Humuserde herauskringelte. »So!«

Monika verglich den stinkenden Haufen mit dem Gänseklecks, dem Schneckenwürstchen und dem Regenwurmkringel. »Also von uns war es keiner«, stellte sie fest.

Jetzt erst bemerkte Herr Günter, dass sich neben dem großen Haufen Spuren in die Erde gedrückt hatten. Er untersuchte sie und rief überrascht: »Das sind Pfotenabdrücke! Von einem Hund!«

»Aha!«, sagte Schorsch. »Ich kombiniere: Das ist ein Hundehaufen!«

Der Gänserich flatterte durch den Garten. Er inspizierte den Kompost und blickte hinter den Schuppen, unter die Johannisbeerbüsche und sogar über den Gartenzaun. Den Hund fand er nicht, aber andere Spuren. Sie sahen sehr seltsam aus. Welches Tier hatte solche merkwürdigen Pfoten? Herr Günter stand vor einem Rätsel.

»Also ich weiß, wer diese Spuren macht«, behauptete Schorsch. »Ein Schmutzfink!«

»In der Tat!« Herr Günter nickte. »Das könnte mir

Wer ist hier langgelaufen?

fast den Appetit verderben.« Vor lauter Schreck verputzte er schnell einen ganzen Salatkopf.

Der Wind pustete die Müllfetzen über die Wiese. Monika seufzte. Sie wusste, dass es gegen Unordnung nur ein einziges Mittel gab: »Wir müssen aufräumen! Dann ist es wieder schön in unserem Garten.«

»Das ist ungerecht!«, maulte Schorsch. Anders als Monika räumte er nämlich überhaupt nicht gerne auf. »Wir haben den Dreck doch gar nicht gemacht!«

Auch Herr Günter fand: »Wer die Unordnung gemacht hat, muss sie auch wieder beseitigen.« Er ließ einen angefaulten Salatrest aus dem Schnabel fallen und schüttelte sich entsetzt. »Pfui!«

»Ssssst.« Irgendetwas summte hinter Schorsch. Verwundert drehte er sich um. Direkt hinter ihm lag ein großer und schon ein bisschen gammeliger Apfel. Wieder machte es »Ssssst«. Dann hörte er eine Stimme: »Hier bin ich! Hey, Kumpel! Hier drüben!« Schorsch entdeckte die dicke, blau schillernde Fliege Schlumperlieschen. Immer wenn irgendwo im Garten Obst verfaulte, kam sie angesummt. Jetzt krabbelte sie über den Apfel, spuckte darauf und schlürfte mit ihrem Rüssel

Aufbau einer Fliege

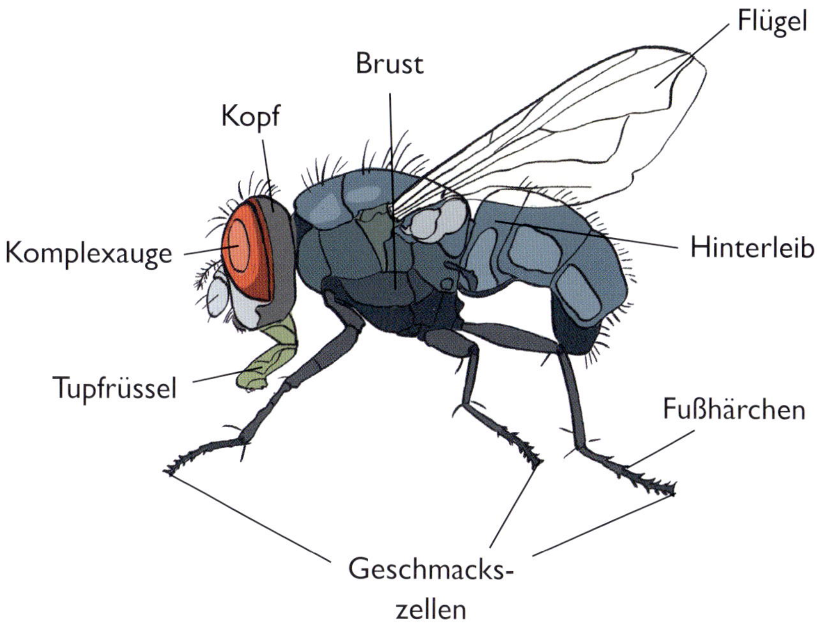

die Soße. »Lecker!«, behauptete sie. »Willst du mal kosten?«

Schorsch aß sehr gern matschige Äpfel. Die prickelten so lustig. Er kroch zu Schlumperlieschen, öffnete seinen Mund so weit, wie er konnte, und wollte gerade in den Apfel beißen, als Monika fragte: »Schorsch? Was machst du da? Hilf mir bitte mal!«

Schorsch klappte seinen Mund wieder zu. »So ein

Woher hat die Schmeißfliege ihren Namen? Schmeißfliege heißt eigentlich Kackfliege. Das Wort »schmeißen« bedeutete nämlich früher auch: einen Kackhaufen machen.

Mist aber auch!«, maulte er. Dann sagte er zu der Schmeißfliege: »Ich muss aufräumen. Das macht keinen Spaß.« Ärgerlich kickte er eine zusammengeknüllte Papierkugel mit seinem Schwanzspitzenzipfelchen weg.

»Sssst!«, summte die Fliege. »Ich räume nie auf.«

»Hast du's gut, Schlumperlieschen«, brummte Schorsch.

»Kannst mich Schlumpi nennen«, sagte die Fliege und klimperte mit den Augen.

Schorsch freute sich. »Wollen wir zusammen spielen, Schlumpi?«, fragte er.

Schlumpi freute sich ebenfalls. »Klar! Kennst du das Spiel *Kitzel den Gänserich*?«, wollte sie wissen. »Pass auf!

Das ist lustig!« Sie brachte ihre Flügel in Position, düste los und landete auf Herrn Günters Schwanzfedern. Ärgerlich wackelte er mit seinem Hinterteil, um die Fliege zu verscheuchen. »He, das kitzelt!«, schimpfte er.

Schorsch musste kichern. Das war wirklich ein lustiges Spiel!

Monika versuchte inzwischen, den Garten wieder in Ordnung zu bringen. Sie stemmte sich gegen einen zerknüllten Becher, um ihn über den Kiesweg zu den Mülltonnen zu rollen. Ganz langsam, Millimeter für Millimeter, bewegte sich der Becher nach vorne.

Schlumperlieschen flog nun auf Herrn Günters Kopf, dann auf seinen Flügel, und zum Schluss summte sie um seinen Schnabel herum. Vergeblich versuchte der Gänserich, sie zu verscheuchen. Er führte einen wilden Tanz auf, schüttelte den Kopf und wackelte mit dem Hinterteil. Immer wenn er glaubte, er hätte die Fliege verjagt, kitzelte sie ihn an einer anderen Stelle.

Schorsch kringelte sich vor Lachen. Monika drehte sich zu ihm um. »Nun musst du mir aber wirklich helfen!«, sagte sie vorwurfsvoll.

Der Regenwurm zog ein enttäuschtes Gesicht. Ausgerechnet jetzt, wo er so viel Spaß hatte!

»Komm her«, summte Schlumpi plötzlich. »Los! Wir verstecken uns auf dem Apfel, Schorsch!«

Der kleine Regenwurm gehorchte. Obwohl er plötzlich ein bisschen unsicher war. »Bestimmt ist Monika traurig, wenn ich ihr nicht helfe.«

»Keine Sorge«, versprach Schlumpi. »Lass mich nur machen!« Dann rief sie ganz laut: »Komm, Schorsch! Wir räumen auf!« Aber statt Ordnung zu machen, krabbelte die Schmeißfliege über den matschigen Apfel, schlug ihre sechs Beine übereinander und saugte genüsslich Apfelpampe mit ihrem Rüssel.

Schorsch brach einen hohlen Grashalm ab und schlürfte ebenfalls Apfelsaft. Schlumpi rekelte sich, dann stöhnte sie laut: »Oh, was für eine Plackerei!« Dabei machte sie einen kleinen Rülpser und sagte: »Hopsala!«

Schorsch kicherte. Aufräumen mit Schlumpi war super! Er riss seine Kappe vom Kopf und warf sie mit einem lauten Juchzer hoch in die Luft.

»Psssst!«, summte Schlumpi.

Schorsch hatte ganz vergessen, dass sie sich ja vor der Arbeit drückten. Schnell stöhnte er: »Puh, ist das anstrengend!«

Monika mühte sich noch immer mit dem schweren Becher ab. Wieder kam sie ein klitzekleines Stückchen voran. Doch die Mülltonnen waren ganz schön weit entfernt.

Kriechgeschwindigkeit Schnecke
Schnecken gleiten auf einem Schleimfilm vorwärts, den sie selbst herstellen. Die Produktion des Schneckenschleims dauert sehr lange, deshalb sind Schnecken so langsam. In einer Stunde schaffen sie gerade einmal drei Meter.

»Uiuiui«, jammerte Schorsch auf dem Apfel. »Mir tun schon alle Knochen weh von der Schlepperei!«

»Ein Regenwurm hat keine Knochen!«, rief Herr Günter aus dem Gemüsebeet.

Monika drehte sich zu ihm um. »Könnten Sie mir vielleicht beim Aufräumen helfen?«

»Später, später!«, versprach Herr Günter. Aus seinem

Schnabel hing ein Salatblatt, sein schönes grauweißes Federkleid war mit grünem Blättersaft bekleckert. »Ich habe noch zu tun!«

»Schade!«, sagte Monika. Sie ließ den Becher liegen und versuchte, einen Müllsack wegzuschieben, aber er rührte sich nicht. Monika wurde traurig. Sie strengte sich so sehr an, aber der Garten sah immer noch nicht besser aus.

Schorsch meckerte wieder: »Mannomann! So eine schwere Arbeit!«

»Armer Schorsch!« Monika hatte Mitleid mit ihrem besten Freund. Und eine gute Idee: »Warte, ich helfe dir.« Sie kroch am Apfel hoch, um Schorsch zu überraschen. Aber als sie oben ankam, sah sie, dass Schorsch gar nicht aufräumte, sondern es sich gemeinsam mit Schlumpi gemütlich gemacht hatte.

»Schorsch!«, rief Monika. »Du hast geschwindelt!«

»Nö!«, sagte Schorsch verlegen. »Bloß ein bisschen gemogelt.«

»Aber du hast so getan, als ob du aufräumst!«, schimpfte Monika. »Dabei liegst du hier nur faul rum.«

Schorsch kratzte sich verlegen am Kopf. »Man wird ja wohl mal Spaß haben dürfen!«

Monika drehte sich zu Herrn Günter um, der herangewatschelt war und interressiert den Kopf über den Apfel streckte. Jetzt konnte sie gleich weiterschimpfen: »Und Sie fressen die ganze Zeit und helfen auch kein bisschen!«

»Ich habe Hunger«, sagte Herr Günter gekränkt. »Aufräumen können wir doch auch später.«

»Oder morgen«, schlug Schorsch hoffnungsvoll vor.

»Am besten überhaupt nicht«, bekräftigte Schlumpi.

»Siehste?«, sagte Schorsch. »Du bist viel zu streng mit uns.«

»Superstreng!« Schlumpi nickte.

Monika ließ die Fühler hängen. Sie guckte sich im Garten um. In diesem Müllhaufen hatte sie weder Lust zu spielen noch zu essen. Nicht einmal herumkriechen wollte sie hier. Ihr Blick blieb an Schorsch hängen. Von dem vielen Apfelsaft hatte er einen dicken Bauch bekommen, und nun machte er auch noch laut: »Rüüülps!«

Wie können Fliegen an der Decke laufen? Fliegen haben winzige Fußhärchen und immer feuchte Füße. Die Flüssigkeit zwischen Wand und Fliegenbeinhaaren sorgt dabei für eine sichere Haftkraft.

»Das ist alles bloß deine Schuld, Schlumpi!«, klagte Monika. Sie versuchte, die Fliege mit ihren Fühlern zu verjagen. Aber Schlumpi kicherte nur, düste hoch in den Apfelbaum und lief mit dem Kopf nach unten die Äste entlang.

»Sei kein Spielverderber«, summte sie. »Ein bisschen Unordnung schadet nicht.« Sie flog zu dem großen Hundehaufen, kreiste drum herum und landete dann mitten darauf.

»Vorsicht!«, rief Schorsch ihr zu. »Du bist in etwas reingetreten!«

Die Schmeißfliege guckte erstaunt alle ihre Füße an und fragte: »In was denn?«

Jetzt musste Schorsch kichern. »Hast du Tomaten auf den Augen? Siehst du den Hundehaufen nicht?«

Schlumpi strahlte. »Klar sehe ich den. Der ist riesig, oder? Wenn du willst, teil ich mit dir!«

Schorsch guckte kariert. »Ähm … nein, danke. Ich brauche keinen Hundehaufen.«

»Dann weißt du nicht, was gut ist«, rief Schlumpi.

Sie spuckte auf den Haufen, und dann begann sie, genüsslich zu schlürfen und zu schmatzen.

Schorsch wurde ein bisschen blass um sein Regenwurmschwanzspitzenzipfelchen, und Monika schüttelte sich entsetzt. »Igitt!«, stellte sie fest.

Schlumpi summte nun lauter und flog zum Gemüsebeet. Dort trampelte sie über ein Salatblatt. »Weg mit dir!«, rief Herr Günter aufgeregt und wollte sie verscheuchen. Schlumpi zeigte ihm einen Vogel, summte zu einem anderen Blatt und putzte ihre Füße. Herr Günter machte ein betrübtes Gesicht. »Diese Blätter möchte ich nicht mehr essen.«

Fliegen schmecken mit den Füßen. Damit die Geschmackszellen an den Fliegenbeinen funktionieren, müssen sie ständig geputzt werden.

»Ach«, maulte Schlumpi. »Ihr wisst einfach nicht, was lecker ist.«

»Wer weiß, wo du heute schon drübergelaufen bist«, sagte Herr Günter und versuchte vergeblich, seinen Bauch zu säubern.

Schlumpi kratzte sich mit den Füßen erst am Bauch, dann am Po und zum Schluss am Rüssel. »Mal überlegen«, sagte sie. »Also ... Zuerst war da ein Kuhfladen, der hat sehr würzig geschmeckt. Außerdem lag ein totes Tier am Waldrand, da musste ich natürlich auch hin. Dann war ich auf dem matschigen Apfel und auf dem Hundehaufen. Und zum Schluss auf dem Salat hier: auf diesem Blatt und dann da und da und da auch.«

Fliegen setzen sich auf Kackhaufen und schleppen an ihren Beinen viele Bakterien mit sich herum. Deshalb verdirbt Essen schneller, wenn Fliegen darauf gesessen haben. Sie sind Überträger von Krankheiten, deshalb sollte man Obst und Salat vor dem Essen waschen.

Herrn Günter wurde schwindelig. Er versuchte, sich zu merken, auf welchem Blatt die Schmeißfliege noch nicht gesessen hatte. Aber sie düste so schnell im Zickzack hin und her, dass er ganz durcheinanderkam. Als er das nächste Salatblatt pflücken wollte, bemerkte er, dass es verfault war.

Monika hatte genug und kroch in ihr Häuschen. Dort war es wenigstens schön sauber.

Inzwischen war es Mittag geworden, und der Geruch wurde immer schlimmer.

»Das ist aber heiß hier«, meckerte Schorsch. »Die Sonne knallt mir auf die Rübe.«

»Ein Regenwurm hat keine Rübe«, bemerkte Herr Günter schläfrig. Von den verfaulten Blättern stiegen Dämpfe auf.

Schorsch tastete seinen Kopf ab. Der war heiß und rot. »Aua!«, schimpfte er.

»Du solltest lieber deine Kappe aufsetzen«, warnte ihn Herr Günter. »Sonst bekommst du noch einen Sonnenbrand.«

Schorsch guckte sich nach seiner Kappe um. Wo war die nur hingeraten? »Meine schöne Kappe ist weg!«, schrie er.

Monika kam erschrocken aus ihrem Schneckenhaus gekrochen. »Wo hast du sie denn zuletzt gehabt?«, fragte sie.

Schorsch zeigte auf die Wiese. Sie musste irgendwo in diesem Chaos liegen.

»Ihr müsst mir beim Suchen helfen!«, bettelte er.

»Tut mir leid«, sagte Herr Günter. »Ich muss erst meine Salatblätter fertig sortieren.«

»Aber wenn wir aufräumen, finden wir die Kappe vielleicht«, sagte Monika.

Schorschs Kopf wurde immer wärmer. Plötzlich entdeckte er einen Flaschendeckel. »Das ist ein prima Ersatz«, fand er und setzte ihn auf. Der Deckel war zwar blau und nicht grün, und er war auch ein bisschen hart. Aber er schützte vor der Sonne.

»Geht es dir besser, Schorsch?«, fragte Monika.

Schorsch nickte. Er konnte sich nur ganz langsam bewegen, weil der Hut ständig rutschte.

»Dann können wir ja jetzt aufräumen!« Monika freute sich. »Damit wir deine Kappe finden!«

»Wozu?«, fragte Schorsch. »Ich hab doch einen prima Ersatz.«

Monika drehte sich zu Herrn Günter. »Wollen wir dann gemeinsam das Gemüsebeet in Ordnung bringen?«

»Nicht nötig!«, sagte Herr Günter zufrieden, denn auch er hatte eine Lösung für sein Problem gefunden. Er ließ die verdorbenen Salatblätter einfach liegen und suchte sich auf der Wiese Löwenzahn.

Traurig saß Monika im Gras. »Wie es hier aussieht!«, jammerte sie. »Und wie es hier riecht!«

»Ja!«, rief Schlumpi begeistert und setzte sich auf Monikas Schneckenhaus. »Alles ist so appetitlich hier! Ihr habt so einen schönen Garten!«

Monika guckte die Schmeißfliege staunend an. Sie hatte wirklich einen ganz anderen Geschmack als eine Schnirkelschnecke.

Plötzlich schrie Herr Günter: »Hilfe! Jemand greift mich an und hält mein Bein fest! Ein Fuchs! Ein Waschbär! Eine Katze!«

Erschrocken sauste Schlumpi zu Herrn Günter hinüber. Als Monika und Schorsch ebenfalls ankamen, versicherte sie: »Keine Sorge. Ist nur eine Plastiktüte. Mit leckeren Resten drin.« Sie kroch hinein und summte darin herum.

Zunächst war Herr Günter sehr froh, dass ihn kein Fuchs gepackt hatte. Und auch keine Katze und kein

Waschbär. Aber auch die Tüte hielt ihn fest, weil sie sich im Stachelbeerstrauch verfangen hatte. Er kam nicht mehr weg. Es dauerte nicht lange, und Herr Günter hatte alles Gras in seiner Reichweite abgefressen. Etwas entfernt entdeckte er einen saftigen Löwenzahn. Aber sosehr er seinen Hals auch streckte, er kam einfach nicht mit seinem Schnabel heran. »Hilfe!«, rief er wieder. »Ich verhungere! Ihr müsst mich befreien!«

»Kein Problem für mich«, gab Schorsch an. »Ich kann alles in tolle Humuserde zerlegen.« Er versuchte, den Henkel der Tüte zu zernagen. »Bäh«, schimpfte er. »Da beiße ich mir ja alle Zähne aus!«

»Ein Regenwurm hat leider keine Zähne«, sagte Herr Günter sehr traurig. Dieses Material schien nicht wie Baumrinde oder Blätter zu sein.

»Lasst mich mal ran«, erklärte Schlumpi. »Ich kriege jeden Dreckhaufen klein.« Sie sabberte auf den Henkel und streckte ihren Rüssel heraus. »Das ist komisch«, wunderte sie sich. »Das Zeug wird gar nicht flüssig.« Diese seltsame Tüte war anders als ein Hundehaufen.

Nun versuchte Herr Günter, seine Fessel abzustreifen. Aber dadurch zog sie sich nur noch enger um das Gänsebein zusammen. Verzweifelt schluchzte er: »Ich werde verhungern. Und ich werde nie wieder an den Gänseteich fliegen können!«

»Bitte nicht weinen!«, rief Monika und schluchzte ebenfalls. Ihre Tränen mischten sich mit dem Schneckenschleim. Und plötzlich kam sie auf eine Idee! Sie kroch zu Herrn Günters Bein und sabberte Schneckenschleim darauf. Der Schleim machte das Bein ganz glitschig … und endlich rutschte sein Fuß aus der Schlinge! Sofort stürzte sich Herr Günter auf den Löwenzahn und verschlang ihn mit einem Happs.

»Juhu!«, rief Monika, und Schorsch umarmte sie vor Freude. Dabei fiel ihm der Flaschendeckel vom Kopf.

Schorsch kickte ihn mit einem ärgerlichen Stoß in Richtung Mülltonne. Scheppernd plumpste der Deckel hinein. »Getroffen!«, jubelte der kleine Regenwurm.

»Ich glaube«, sagte Herr Günter verlegen, »Monika hat recht. Wir müssen den Garten in Ordnung bringen.«

Monika blickte sich um und seufzte: »Ich habe es ja schon versucht. Aber ich bin einfach zu langsam.«

»Dann machen wir das jetzt zusammen!« Herr Günter hob mit seinem Schnabel all den Müll, die Becher, die Trinkhalme und die kaputten Ballons auf und sortierte sie in die Mülltonnen, die am Gartenzaun standen. Monika wollte einen Papierschnipsel wegräumen, aber er blieb an ihrem Saugfuß kleben.

»Warte«, sagte Schorsch. »Ich sammle das Papier ein!«

Monika freute sich. »Wirklich? Das ist aber lieb!«

»Klaro!« Schorsch band sich ein spitzes Stöckchen an sein Regenwurmschwanzspitzenzipfelchen. »Ich pikse das Papier mit meinem Stachelpo auf! Hey! Das macht sogar Spaß!«

Irgendwann erreichten die drei Freunde beim Aufräumen den stinkenden Hundehaufen. Wie sollten sie den nur wegschaffen? Plötzlich summte es wieder, und Schlumpi schwirrte um sie herum. »Das übernehmen wir«, erklärte sie. »Wir sind hier schließlich die Müllabfuhr.«

Tierische Müllabfuhr

Totengräber – vergraben tote Tiere als Vorrat für ihren Nachwuchs

Ameisen – beseitigen tote Tiere

Mistkäfer – vernichten Kackhaufen

Fliegen – beseitigen tote Tiere und Abfälle

Sie steckte sich zwei Beine in den Mund und pfiff ganz laut. Dann schrie sie: »Hundehaufenparty!«

Plötzlich schwirrten überall Fliegen herum. »Danke für die Einladung!«

»Oh nein!«, rief Monika und zog schnell den Kopf ins Häuschen. »Nicht noch mehr!«

Die Fliegenbande stürzte sich summend auf den Hundehaufen, und als sie wieder abhob, war der Boden sauber. Schlumpi leckte zum Schluss noch jeden Fuß einzeln ab und sagte: »Schade! Schon alle.« Dann düste sie davon.

Monika sah sich um. Es lag immer noch ganz schön viel Arbeit vor ihnen. Herr Günter versprach: »Den Rest schaffen wir auch noch!«

Mit dem Schnabel stocherte er in Papierabfällen herum und zog plötzlich ein zerknautschtes grünes Ding heraus.

»Meine Kappe!«, rief Schorsch glücklich. »Meine liebe Kappe ist wieder da!« Er klopfte den Schmutz ab und setzte sie gleich auf. Dann zog er einen Mundwinkel nach oben: »So ein bisschen Ordnung ist gar nicht verkehrt.«

Es war schon später Abend, als sie fertig wurden. Die ersten Tautropfen glitzerten auf der sauberen Wiese. Das Gemüsebeet war von den verdorbenen Blättern befreit, die nun auf dem Komposthaufen lagen.

Nur das Fallobst hatten sie unter den Bäumen liegen gelassen für die Ameisen, Igel, Vögel, Fliegen und alle anderen Gartenbewohner, die Appetit darauf hatten.

Fallobst und Blätter sind wichtig für die tierischen Gartenbewohner. Viele Tiere brauchen die Früchte als Nahrung. Und im Winter können sich die Tiere im Laub verstecken und vor der Kälte schützen.

Monika strahlte. »Wie schön sauber jetzt wieder alles ist!«

»Alles außer uns«, meckerte Schorsch.

Herr Günter guckte betrübt an sich herunter. »Mein Gefieder ist ganz schmutzig!« Auch an seinen Gänseflossen klebte Dreck. Er lief zur Regentonne und spähte hinein. Leider war sie leer. Es hatte schon eine Weile nicht mehr geregnet.

»Ich hab's!«, rief Schorsch plötzlich. »Wir nehmen den Wecker!«

Monika guckte Schorsch verwundert an.

»Bringen Sie uns schnell zur Brombeerhecke, Herr Günter!«, bat der kleine Regenwurm.

Dort sollte der Gänserich eins der Steinchen auf dem Zweig in der Hecke anstupsen. »Schnell«, rief Schorsch, »alle drunterstellen!«

Herr Günter, Monika und Schorsch drängten sich unter die Hecke. Das Steinchen plumpste von einem Blatt zum anderen nach unten. Wieder sammelte es dabei Tautröpfchen und leitete sie hinab. Platsch! Ein großer Schwall Wasser landete auf ihnen, und sie konnten sich endlich waschen und ganz sauber schrubben.

Als sie fertig waren, kroch Monika nah an Schorsch heran und schnupperte. Dann lächelte sie. »Jetzt riechst du wieder wie ein Regenwurm.«

2.

Stinkende Blubberbläschen

Wie atmen eigentlich Fische?

»Haben wir auch wirklich nichts vergessen, Schorsch?«, fragte die kleine Schnecke Monika besorgt. Schorsch brummelte neben ihr etwas Unverständliches und gähnte. Es war nämlich noch sehr früh am Morgen.

Die beiden warteten zusammen am Gänseflugplatz, der sich mitten auf der Wiese im Garten befand. Eine Reihe leuchtend gelber Löwenzahnblüten markierte die Startbahn, die gleichzeitig Landebahn für Herrn Günter, den gelehrten Graugänserich, war. Durch die vielen Starts und Landungen wuchs dort nur noch etwas Klee.

Neben Monika stand ein riesiges Gepäckstück, viel größer als sie selbst. Sie hatte alles, was sie auf der Reise brauchte, in ein Rhabarberblatt gepackt und zu einem Bündel geschnürt. Jetzt sah sie sich suchend um und fragte: »Wo ist denn dein Gepäck, Schorsch?«

Der kleine Regenwurm tastete nach seiner Kappe. »Alles dabei«, versicherte er. »Mit leichtem Gepäck reist es sich am besten.«

Monika rutschte hin und her. »Ich hab noch nie eine Reise gemacht!«, erklärte sie. »Und ich war noch nie auf der anderen Seite des Gartenzauns.«

Nun wurde Schorsch langsam wach. »Ich auch nicht. Das wird ein großes Abenteuer!«, freute er sich.

»Ich bin auch noch nie geflogen«, fuhr Monika fort.

Schorsch, der ebenfalls noch nie geflogen war, sagte: »Ja! Das wird spannend!«

Vor Aufregung zuckten Monikas Fühler. »Hoffentlich geht das gut!« Sie seufzte.

Schorsch winkte mit seinem Regenwurmschwanzspitzenzipfelchen ab. »Was soll schon passieren! Wir werden bestimmt nicht abstürzen.«

Entsetzt guckte Monika ihren besten Freund an. »Oje! Ich weiß, was ich vergessen habe! Ich brauche unbedingt einen Glücksbringer!«

So schnell sie konnte, rutschte Monika auf ihrem Schneckenschleim die Landebahn entlang. Sie betrachtete jedes Kleeblatt ganz genau und zählte die Blätter, aber alle hatten nur drei. »Eins, zwei, drei, vier!«, rief sie plötzlich glücklich. »Ich hab eins gefunden!« Ganz vorsichtig pflückte sie das vierblättrige Glückskleeblatt.

In diesem Moment verdunkelte sich der Himmel. Der gelehrte Graugänserich Herr Günter setzte zur Landung an.

»Gänserich im Anflug!«, brüllte Schorsch. Monika huschte in ihr Häuschen und hoffte, dass es keinen

Zusammenstoß geben würde. Da stürzte der schwere Gänserich auch schon im Tiefflug über die Wiese, wobei er den Schwung mit seinen Flossen abbremste. Haarscharf vor dem Schneckenhäuschen kam er zum Stehen.

»Ist es vorbei?« Vorsichtig lugte Monika aus ihrem Häuschen heraus. Genau vor ihr stand der große Gänserich und ordnete mit dem Schnabel das zerzauste Gefieder.

»Mein Häuschen ist heil geblieben!«, rief Monika erleichtert. »Das habe ich nur meinem Glücksbringer zu verdanken!« Sie wedelte mit dem vierblättrigen Kleeblatt vor Herrn Günters Schnabel herum.

»Oh! Vielen Dank, wie nett!«, sagte er und schnappte zu. »Eine kleine Stärkung vor dem Ausflug tut gut.«

»Aber das war mein Glücksbringer!«, jammerte Monika entsetzt. »Wir können nicht ohne Glücksbringer auf eine Flugreise gehen!« Sie wollte schnell ein neues Kleeblatt suchen, aber das dauerte Schorsch eindeutig zu lange.

»Keine Sorge«, beruhigte er Monika. »Dein Glücksbringer reist doch mit. In Herrn Günters Bauch.«

»Na gut«, sagte Monika. »Hoffentlich bleibt er auch da drin.«

Herr Günter watschelte zur Hecke und kam mit einem kleinen Ast im Schnabel zurück. Er legte den Reiseast auf die Startbahn. »Alle Passagiere bitte aufsteigen!«, rief er gut gelaunt.

Ächzend und stöhnend schob Monika ihr Gepäck auf die kleine Gabelung am Ende des Asts.

»Beeil dich doch, Monika«, rief Schorsch, der herumzappelte. »Das Abenteuer ruft!« Er konnte den Start gar nicht erwarten. Große Aufregung machte sich in seinem Bauch breit und gluckerte darin.

Endlich war Monikas Gepäck auf dem Ast. Zur Sicherheit klebte sie es noch mit Schneckenschleim fest. Nun versuchte auch Schorsch, auf der anderen Seite auf den Ast zu kommen. Leider rutschte er dabei immer wieder ab. Ein Regenwurm hat eben keine Hände zum Festhalten. »So ein Mist aber auch!«, schimpfte er und wurde noch aufgeregter.

Herr Günter hielt ihm seine Gänseflosse als Aufsteighilfe hin. Schorsch kroch darauf, und vor lauter Aufregung rutschte ihm dabei etwas heraus – ein Pups!

»Das ist unerhört!«, beschwerte sich Herr Günter.

»Du hast auf meinen Fuß gepupst!«

»War doch bloß Luft«, verteidigte sich Schorsch.

»Sehr schlecht riechende Luft«, fand Herr Günter und schüttelte sich.

»Aber Schorsch!«, sagte Monika vorwurfsvoll und kicherte ein bisschen verlegen. »So etwas tut man doch nicht.«

Schorsch bekam einen roten Kopf. Er knotete sich fest an den Ast und nuschelte: »Passiert doch jedem mal.«

»Mir nicht!«, versicherte Monika. »Ich warte damit immer, bis ich ganz allein bin.«

Herr Günter wedelte sich mit den Flügeln frische Luft zu. Dann schnappte er sich den Reiseast und

Pupse sind normal und gesund! Bei der Verdauung entstehen im Darm Gase. Diese Luft muss dann als Pupse wieder heraus. Pupse stinken, wenn sie Schwefel enthalten. Diese Lebensmittel machen viele und besonders stinkende Pupse: Fleisch, Eier, Bohnen, Kohl und Zwiebeln.

rannte mit wackelndem Bürzel über die Startbahn. Erschrocken quietschte Monika und hielt sich mit ihrem Saugfuß so fest, wie sie konnte. Der Ast hatte Schlagseite und schrammte ein paarmal über den Boden. Monikas Gepäck war wirklich sehr schwer.

Dann aber schaffte Herr Günter den Abflug. »Wir fliegen!«, jubelte Schorsch. »Auf zum Gänseteich!«

Der Ast schaukelte wild hin und her. Monika kniff vor Schreck die Augen zu. Deshalb merkte sie leider auch nicht, wie der Gänserich über den Gartenzaun flog. Und sie sah nicht, was hinter dem Gartenzaun war. Schorsch dagegen guckte sich alles ganz genau an: den Wald, die Gänseteichwiese und die Kühe darauf. Dabei hielt er seine Kappe gut fest, damit der Flugwind sie nicht vom Kopf riss.

»Haha!«, rief Schorsch. »Ich bin der einzige fliegende Regenwurm auf der ganzen Welt!«

»Hoffentlich geht alles gut«, wimmerte Monika auf der anderen Seite des Asts und kniff ihre Augen noch fester zu.

»Natürlich! Ich bin ein erfahrener Flugkapitän!«, schnatterte Herr Günter. Dabei wäre ihm fast der Reiseast aus dem Schnabel gerutscht. Aber in seinem

Bauch steckte ja Monikas Glückskleeblatt, und deshalb passierte nichts.

Ganz hinten glitzerte etwas in der Sonne. Das war der Gänseteich. Erst sah er ganz klein aus, stellte Schorsch fest: wie ein Tautropfen. Aber dann wurde er größer und größer. Und als sie schließlich dort landeten, konnte Schorsch gar nicht mehr sehen, wo der Teich endete.

Nun, da der Ast nicht mehr wackelte und auch der Wind nicht mehr pfiff, traute sich Monika, ihre Augen zu öffnen.

Sie staunte. Wie anders sah die Welt am Gänseteich aus! Am Ufer lag weicher Sand, und dahinter raschelte geheimnisvoll das hohe Schilfrohr. Auf dem glitzernden Wasser schaukelten Seerosen, darüber schwirrten Libellen. Stolz breitete Herr Günter seine Flügel aus und verkündete: »Das ist der Gänseteich!«

Es war herrliches Badewetter, und die Sonne strahlte vom Himmel.

»Puh, ist das warm!«, seufzte Monika und verkroch sich in ihr Häuschen. Schorsch versuchte, einen kühlenden Wohngang zu graben. Leider fiel das Bohrloch in

dem trockenen Sand gleich wieder in sich zusammen. »Heiß, heiß, heiß!«, rief Schorsch. »Da verbrutzle ich mir ja die Füße!«

»Ein Regenwurm hat keine Füße«, bemerkte Herr Günter und stieg ins Wasser. »Ah!«, seufzte er und ließ sich von den Wellen schaukeln. »Wie erfrischend!«

Monika schob den Kopf aus dem Häuschen, kroch zum Ufer des Teichs und guckte hinein. Die glänzende Oberfläche warf ihr Spiegelbild zurück. Aufgeregt rief die kleine Schnecke: »Was für ein hübsches Schneckenhäuschen ich habe! Willst du dich auch mal im Wasser angucken, Schorsch?«

»Nö«, brummte Schorsch. »Da sehe ich bloß, was ich alles nicht habe.« Eilig kroch er zum Wasser. Er wollte lieber darin herumplanschen, als sich zu betrachten. Mutig stürzte er sich hinein. »Das ist herrlich!«, gluckste er.

»Aber auch gefährlich«, warnte ihn Herr Günter. »Du kannst nicht schwimmen.«

»Klar kann ich das«, gab Schorsch an und ging sofort unter. »So ein Mist aber auch!«, blubberte er unter Wasser.

Schnell fischte ihn der Gänserich heraus. »Ins Wasser

sollte man nur gehen, wenn man schwimmen kann«, sagte er streng und setzte Schorsch am Ufer ab. »Oder wenn man eine Schwimmhilfe benutzt.«

Schorsch spuckte Teichwasser aus. »Ich will aber schwimmen«, meckerte er. »Sie müssen es uns beibringen!«

Herr Günter schüttelte das Wasser aus seinen Federn. Dann stellte er sich in Position. »Eigentlich ist es ganz einfach«, behauptete er. »Ihr steigt ins Wasser und paddelt kräftig mit den Beinen.« Er watschelte in den

Teich, strampelte mit seinen Schwimmflossen und schwamm davon.

Monika guckte Schorsch ratlos an. »Aber wir haben keine Beine.«

»Das ist ungerecht«, meckerte Schorsch.

Neidisch beobachtete er den Gänserich, der längst in der Mitte des Sees schwamm. »Herr Günter hat gesagt, man kann auch mit einer Schwimmhilfe ins Wasser«, überlegte er. »Ist in deinem Gepäck irgendetwas, das schwimmt?«

Monika knotete das Rhabarberblatt auf. Darin befanden sich sehr viele Steinchen. Große Steinchen, kleine Steinchen und mittelgroße Steinchen. Kein Wunder, dass das Reisegepäck so schwer gewesen war!

»Warum hast du denn so viele Steine eingepackt?«, wunderte sich Schorsch. Monika strahlte ihn an. »Weil du so gern mit Steinchen spielst. Damit dir nicht langweilig wird.«

Das fand Schorsch prima. Er wollte gleich ausprobieren, ob eins der Steinchen schwamm. Zuerst

versuchte er es mit einem sehr großen Stein, aber der versank sofort im Gänseteich – genau wie alle anderen Steine. Selbst das kleinste und leichteste von Monikas Spielsteinchen ging unter. Da entdeckte Schorsch ein Rindenstück, das aufs Ufer zutrieb. Und obwohl es viel größer war als der große Stein, schaukelte es auf den Wellen und ging nicht unter.

Warum schwimmt Rinde? Rinde ist leichter als Wasser und besitzt viele Hohlräume, die mit Luft gefüllt sind. Steine sind schwerer als Wasser und gehen deshalb unter.

»Juhu! Wir bauen ein Boot!« Schorsch freute sich. »Und damit schippern wir über den See!«

Er wartete, bis das Rindenstück das Ufer erreicht hatte. Dann suchte er sich einen kleinen Zweig und steckte ihn als Mast in die Rinde. Daran band er schließlich noch ein festes Blatt, das war das Segel. »Na los!«, rief Schorsch der kleinen Schnecke zu. »Steig ein!«

Aber Monika fürchtete sich. »Ich bin noch nie über einen See geschippert«, erklärte sie. »Wir sollten lieber am Ufer bleiben und auf Herrn Günter warten.«

»Nö!«, sagte Schorsch bockig. »Dann segle ich eben allein los.«

Monika überlegte, wovor sie sich mehr fürchtete: War es gefährlicher, zusammen mit Schorsch auf dem Wasser zu segeln? Oder war es schlimmer, ganz allein am Ufer des großen Sees zurückzubleiben? Plötzlich raschelte es neben ihr im Schilf. »Ich komme mit!«, rief Monika und kroch eilig auf das kleine Rindenboot.

Ein leichter Wind kam auf. Er blähte das Segel.

»Juhu!«, rief Schorsch begeistert. »Wir schippern über das weite Meer!«

Sie trieben genau auf Herrn Günter zu, der gerade nach Wasserpflanzen tauchte. Nur sein Hinterteil guckte noch aus dem Wasser. Das kleine Boot stieß dagegen und schaukelte wild.

»Huch!«, quietschte Monika. Herr Günter tauchte erschrocken auf.

Schorsch gab ein bisschen an: »Sehen Sie? Man muss nur schlau sein! Dann kann man auch schwimmen!«

Der Gänserich bewunderte das hübsche Boot. Er lobte Schorschs Idee und Monikas Mut. Plötzlich stiegen direkt hinter ihm ein paar Bläschen im Wasser auf. Sie platzten an der Oberfläche, und es stank.

»Puh!«, beschwerte sich Monika. »Das war aber nicht nett, Herr Günter!«

Schorsch kringelte sich vor Lachen. »Sie haben gepupst! Und als mir so was passiert ist, haben Sie rumgemeckert!«

Monika verzog das Gesicht. Vorwurfsvoll guckte sie den Gänserich an. »Das hätte ich nicht von Ihnen gedacht! So etwas macht man nicht, Herr Günter.«

Luft ist leichter als Wasser, deshalb steigen Luftblasen im Wasser nach oben. Kleine Luftblasen steigen langsamer auf als große.

Der Gänserich bekam einen roten Schnabel. »Aber das war ich nicht!«, beteuerte er. »Dieser Gestank ist nicht meine Schuld.«

Weil ihm weder Monika noch Schorsch glaubten,

tauchte er unter und suchte im Wasser nach dem wahren Übeltäter, denn er hatte einen Verdacht. Hier war es ganz still, und je weiter hinab Herr Günter tauchte, umso dunkler wurde es. Er entdeckte einen Krebs, der über den Boden marschierte. Der machte keine Bläschen. Daneben sah er ein paar Teichmuscheln. Sie schlummerten, halb vergraben im Schlamm. Dann aber sauste ein Fisch an ihm vorbei. Hinter dem Fisch stiegen viele Bläschen auf. Zufrieden kam Herr Günter zurück an die Oberfläche.

»Sie haben es schon wieder getan!«, sagte Monika tadelnd. Schorsch bekam einen richtigen Kicheranfall. »Es riecht überall nach Pups!«, gluckste er.

Herr Günter zeigte hinunter ins Wasser. »Da schwimmt der wahre Pupser! Ich bin es nämlich gar nicht.«

Der Fisch hatte silbrig glitzernde Schuppen und hübsche rote Flossen. Neugierig schwamm er näher und streckte seinen Kopf aus dem Wasser. »Was gibt's, Leute?«, fragte er. Hinter ihm stiegen stinkende Bläschen auf.

»Du bist ein Ferkel!«, stellte Monika fest.

»Stimmt nicht!«, sagte der Fisch und grinste vergnügt. »Ich bin ein Fisch! Genauer gesagt, eine Plötze.

Und ich heiße Blubberlubber!« Wieder blubberten Luftblasen an die Oberfläche.

»Bei dir kommen hinten stinkende Bläschen raus«, stellte Schorsch fasziniert fest und musste schon wieder kichern.

Blubberlubber schwamm einmal im Kreis, um nachzugucken. »Ach, das«, sagte er. »Das musste raus.«

Der Fisch tauchte hinab und drückte dabei wieder ein paar große Luftblasen aus seinem Po. Sie wackelten nach oben und platzten direkt vor Monika, die sich über das Wasser gebeugt hatte. »Puh!«, rief sie und verzog sich schnell in ihr Schneckenhaus.

So sieht ein Fisch von innen aus

Die Luft in der Schwimmblase ermöglicht das Schweben im Wasser. Haie habe keine Schwimmblase und müssen deswegen immer schwimmen, damit sie nicht im Wasser absinken und untergehen.

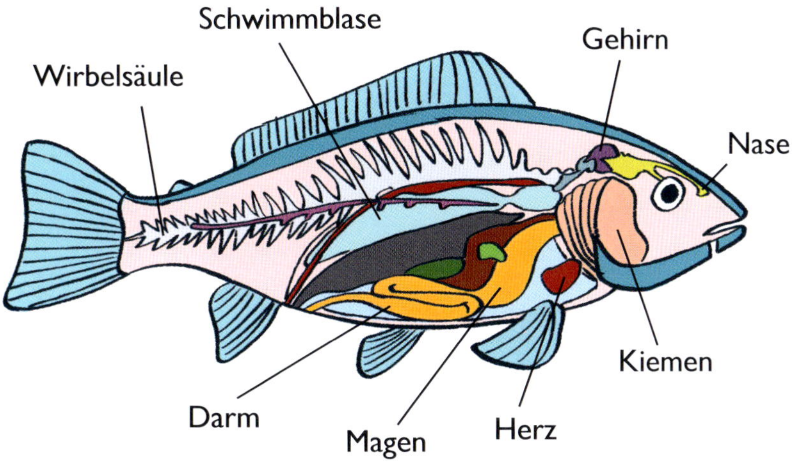

»Mit zu viel Luft im Bauch könnte Blubberlubber nicht auf den Boden des Gänseteichs tauchen«, erklärte Herr Günter.

Der Fisch drehte eine Runde um das kleine Boot. Schorsch tunkte sein Regenwurmschwanzspitzenzipfelchen ins Wasser, um es ein bisschen zu kühlen.

»Das würde ich nicht tun!«, warnte Herr Günter ihn, aber Schorsch hörte gar nicht hin. Es machte ihm viel zu viel Spaß, ins Wasser zu patschen. Monika kroch neugierig aus ihrem Häuschen heraus und sah ihm zu. Da schwamm plötzlich ein dunkler Schatten auf das Regenwurmschwanzspitzenzipfelchen zu. Schnell zog Schorsch es aus dem Wasser. Der Schatten tauchte unter und verschwand. Erneut stiegen unter Herrn Günter stinkende Blubberbläschen nach oben.

»Diesmal waren Sie es aber wirklich!«, rief Schorsch. »Ich hab's genau gesehen!«

»Das ist nicht wahr!«, ärgerte sich Herr Günter. Er war wirklich unschuldig: Denn der Fisch, von dem die Pupsblasen in Wahrheit stammten, war nur nicht zu sehen. Er hatte sich nämlich direkt unter dem Rindenboot versteckt. Dort wartete er darauf, dass Schorsch sein Regenwurmschwanzspitzenzipfelchen wieder ins

Wasser tauchte. Noch einmal ließ er Bläschen nach oben blubbern.

Wie atmen Fische?
Fische müssen nicht auftauchen, um Luft zu holen. Sie holen den Sauerstoff, den sie zum Atmen brauchen, mit ihren Kiemen aus dem Wasser.

»Schon wieder!«, rief Monika empört.

Schorsch kicherte und hielt sich sein Regenwurmschwanzspitzenzipfelchen vors Gesicht. »Herr Günter ist ein Stinkepupser!«

»Aber ich war das nicht!«, rief Herr Günter verzweifelt, doch niemand glaubte ihm.

»Sie sollten nur im Geheimen pupsen«, forderte Monika. »Ich würde nie pupsen, wenn Sie dabei sind!«

Jetzt ärgerte Herr Günter sich. Er beteuerte, dass der schreckliche Gestank nicht aus seinem Bürzel gekommen war.

Aber Schorsch glaubte ihm immer noch nicht und rief: »Stinkepupser! Stinkepupser!«, jedes Mal, wenn Herr Günter den Schnabel öffnete, um etwas zu erwidern. Da schluckte Herr Günter gekränkt seinen Ärger herunter und paddelte davon. Der Kummer drückte in seinem Magen, und er bekam Bauchweh. Mit seinen

Freunden wollte er erst einmal nichts mehr zu tun haben. Waren sie überhaupt noch seine Freunde?

Monika sah Herrn Günter nach. Nicht ein einziges Mal drehte er sich zu ihnen um. Sie bekam ein schlechtes Gewissen. »Schorsch?«, sagte sie. »Ich glaube, Herr Günter ist traurig.«

»Quark mit Quatschsoße«, behauptete Schorsch. »Der ist bloß eingeschnappt. Weil wir ihn beim Pupsen erwischt haben.«

Monika wäre es trotzdem lieber gewesen, wenn der Gänserich bei ihnen geblieben wäre. Und es tat ihr leid, dass sie sich gestritten hatten. In ihrem Bauch grummelte es. »Ich hab Bauchweh«, sagte sie.

Schorsch angelte nach einer vorbeitreibenden Wasseralge und hielt sie Monika hin. »Du musst was essen. Dann geht das weg.«

Die Algen sahen aus wie grüne Haare. Tapfer begann Monika zu essen. Die grünen Fäden rochen nach Blubberbläschen und verfingen sich in ihren Raspelzähnchen. Als sie den letzten Bissen heruntergeschluckt hatte, begann es in ihrem Bauch zu kneifen. »Aua«, sagte sie und krümmte sich. Ihr Bauch wurde ganz prall und hart. War da etwa Luft drin? Monika hätte sie zu gern mit einem Algenpups rausgelassen, aber sie saß ja im Segelboot auf dem Gänseteich zusammen mit Schorsch.

»Können wir bitte schnell zurück ans Ufer segeln?«, bat sie.

»Prima Idee«, sagte Schorsch. »Hier ist sowieso nichts los.«

Erleichtert wartete Monika darauf, dass sich ihr Boot in Bewegung setzte. Ihr Bauch zwickte inzwischen immer stärker. Aber das Rindenstück schaukelte nur träge auf den Wellen und kam kein bisschen vorwärts. »Mach schneller, Schorsch!«, rief Monika.

Schorsch spuckte auf sein Regenwurmschwanzspitzenzipfelchen und hielt es in die Luft. »Klarer Fall«, sagte er. »Es ist windstill. Wir müssen rudern.«

Leider hatten sie vergessen, ein Ruder mitzunehmen. Da musste Schorsch eben sein Regenwurmschwanzspitzenzipfelchen benutzen. Er tauchte es ins Wasser und paddelte kräftig. Endlich kam das kleine Boot voran. »Schneller, Schorsch!«, feuerte Monika ihren Freund an.

Schorsch freute sich und paddelte wie ein Weltmeister. Er merkte nicht, dass sich unter dem Boot ein dunkler Schatten bewegte. Auch Monika bekam das nicht mit, denn sie kämpfte mit der blubbernden Luft in ihrem Bauch,

Als Schorsch erneut sein Paddel eintauchte, zupfte etwas daran. »He!«, rief der Regenwurm erstaunt. »Was war

das?« Er zog sein Regenwurmschwanzspitzenzipfelchen aus dem Wasser und schnaufte erleichtert. »Bloß gut! Es ist noch dran!«

Der dunkle Schatten umkreiste das Boot.

»Da ist was im Wasser!«, rief Monika und klammerte sich an Schorsch. Durch den Schreck blubberte es noch mehr in ihrem Bauch. Wenn sie jetzt nicht schnell ans Ufer kam, würde ein Unglück passieren.

»Hilfe!«, rief Monika, aber ihre Schneckenstimme war viel zu leise, um von jemandem gehört zu werden. Da schrie auch Schorsch aus voller Kehle: »Hilfe! Hilfe!!!!«

Sie mussten noch ein paarmal rufen. Erst dann kam der gelehrte Herr Günter angeschwommen.

»Da ist ein Ungeheuer im Wasser!«, rief Monika aufgeregt.

»Mhm«, machte Herr Günter und kniff den Schnabel zusammen. Er war immer noch gekränkt.

»Das wollte sich mein Regenwurmschwanzspitzenzipfelchen schnappen!«, erklärte Schorsch.

Der Schatten kreiste wieder um das Boot, und plötzlich tauchte eine Rückenflosse auf.

»Das ist nur Blubberlubber«, sagte Herr Günter.

Tatsächlich streckte der Fisch nun seinen Kopf aus dem Wasser. »Keine Panik«, sagte er und grinste. »Ich wollte bloß mal probieren.«

»He! Hier wird nichts probiert«, regte sich Schorsch auf. Zu gern hätte er jetzt sein Regenwurmschwanzspitzenzipfelchen versteckt. Aber nirgendwo gab es Erde. Vor ihnen war Wasser. Hinter ihnen war auch Wasser. Neben ihnen sowieso, und unter ihnen plätscherte noch mehr Wasser.

Fische besitzen vier kleine Nasenlöcher. Außerdem haben sie Geschmacks- und Geruchszellen am ganzen Körper. Haie können damit schon einen einzigen Tropfen Blut im Wasser riechen.

Monika bat Herrn Günter: »Können Sie uns bitte schnell ans Ufer schieben?«

Herr Günter machte wieder »Mhm«. Er kniff den Schnabel noch fester zusammen und sagte nichts. Trotzdem schob er das Rindenboot vorwärts. Blubberlubber folgte ihnen. Immer wieder konnten sie seine Rückenflosse aus dem Wasser ragen sehen.

»Der kommt uns hinterher!«, rief Schorsch entrüstet.

Nun öffnete Herr Günter doch seinen Schnabel: »Ein Regenwurm muss vorsichtig sein, wenn ein Fisch in der

Nähe ist. Aber ihr wollt ja nie auf mich hören. Auf einer meiner weiten und sehr lehrreichen Reisen …«

»Können Sie bitte schneller schieben?«, unterbrach ihn Monika. »Ich muss ganz dringend ans Ufer!«

»Monika hat nämlich Bauchweh!«, erklärte Schorsch.

»Ich auch«, sagte Herr Günter und kniff den Schnabel wieder zusammen. Der Ärger über den Streit bedrückte ihn immer noch sehr.

Endlich erreichten sie das rettende Ufer. Dorthin konnte Blubberlubber ihnen nicht folgen. Schorsch kroch vom Rindenboot herunter und rief, sobald er im Sand ankam: »Ätschbätsch! Du hast mich nicht gekriegt!«

Monika und Herr Günter dagegen krümmten sich vor Bauchschmerzen. In Monikas Bauch rumorte die Wasseralge, und in Herrn Günters Bauch war es der Ärger. Monika versuchte, ganz schnell ins Gebüsch zu kriechen. Dorthin, wo Herr Günter und Schorsch sie nicht hören und riechen konnten. Aber Monika war eine Schnecke, und bei ihr ging eben gar nichts schnell. Die letzte Rettung war ihr Häuschen. Sie kroch hinein, und kurz darauf schallte ein lauter Pups heraus.

Herr Günter rief: »Das haben alle gehört! Von wegen, dir passiert so etwas nie!«

Schorsch kringelte sich vor Lachen über das lustige Geräusch.

Eigentlich wollte Monika in ihrem Häuschen bleiben und nie wieder herauskommen. Sie schämte sich nämlich. Aber dann kroch sie doch lieber an die frische Luft. »Entschuldigung!«, seufzte sie erleichtert. »Jetzt geht es mir wieder gut.«

»Siehste, Monika«, sagte Schorsch. »Das kann jedem mal rausrutschen!« Sie kicherten beide. Aber dann merkten sie, dass Herr Günter nicht mitlachte. Er gab keinen Schnatterer von sich, und man konnte sehen, dass in seinem Bauch immer noch etwas drückte. Beleidigt ließ er sich in den Sand plumpsen.

»Ich hatte unrecht, Herr Günter«, sagte Monika und bat ihren Gänsefreund um Entschuldigung. »In Ihrem Bauch drückt doch auch etwas. Vielleicht sollten Sie das einfach rauslassen?«

Nashörner sind die größten Stinker, sie machen die meisten Pupse. Faultiere pupsen gar nicht, sie rülpsen lieber. Und Frettchen pupsen, wenn sie aufgeregt sind.

»Na los«, rief Schorsch und klopfte Herrn Günter auf den Bürzel. »Raus damit, Sie Stinkepupser!«

Aber in Herrn Günters Bauch drückte ja der Ärger, und der platzte nun heraus. »Das ist unerhört!«, schimpfte er. »Ich bin kein Stinkepupser! Ich war heute der Einzige, der sich ordentlich benommen hat! Ihr beide seid Stinkepupser!«

Monika und Schorsch guckten ihn ganz erschrocken an. So verärgert war Herr Günter noch nie gewesen. Beschämt ließ Monika ihre Fühler hängen. Schorsch drehte den Kopf weg und starrte ganz verlegen auf den Sand. »Es tut mir leid«, brummelte er. »Ich wollte Sie nicht ärgern.«

»Seltsam«, sagte Herr Günter, und seine Stimme klang gar nicht mehr ärgerlich dabei. »Es geht mir schon viel besser. Ich fühle mich erleichtert.«

Monika nickte. »Wenn was im Bauch drückt, muss man es rauslassen!«, stellte sie fest. »Sonst gibt es Bauchweh.«

Und das stimmte. Egal, ob es nun ein kleiner Pups oder ein großer Ärger war.

3.
Der Duftwegweiser

Wie verständigen sich Kaninchen ohne Laute?

Heute war ein herrlicher Tag!«, seufzte die kleine Schnecke Monika glücklich. Regenwurm Schorsch brummte: »Ja. Aber ich möchte nicht, dass der aufhört.«

Die Sonne stand nämlich schon sehr tief. Nur noch ein letztes rotes Zipfelchen guckte über den Zaun. Herr Günter nickte. »Es wird Zeit, dass ich zum Gänseteich zurückfliege.« Schnell pflückte er ein letztes Salatblatt für den Weg. »Und ihr solltet langsam schlafen gehen.«

»Schlafen?«, fragte Schorsch entsetzt. »Jetzt schon? Das will ich aber nicht!«

Monika zog ein besorgtes Gesicht und wackelte mit ihren Fühlern. »Ich möchte auch nicht schlafen«, erklärte sie. »Gestern habe ich nämlich ganz schlecht geträumt.«

»Wovon hast du denn geträumt?«, fragte Schorsch neugierig.

Monika flüsterte: »Von gruseligen Grasmonstern. Ich würde lieber noch ein bisschen wach bleiben. Damit ich auf gute Gedanken komme!«

»Prima!«, rief Schorsch. »Dann spielen wir noch ein bisschen! Das macht fröhlich!«

»Wie wäre es mit einem Ratespiel?«, schlug Herr Günter vor. »Und noch ein letztes Blatt! Das macht auch fröhlich.« Er zupfte wieder Salat ab und schmatzte.

»Ich fange an!«, rief Monika. Schorsch band ihr einen breiten Grashalm vor die Augen. Herr Günter pflückte ein hübsches, weiß blühendes Kraut und hielt es ihr hin. Monika schnupperte daran. »Das riecht gut! Und sehr süß. Es duftet nach Honig. Was kann das nur sein?«, überlegte sie. Plötzlich rief sie: »Ich weiß es! Das ist ein Honigtöpfchen!«

»Falsch geraten!«, erklärte Herr Günter und fraß das Kraut auf. »Das war Mädesüß.«

»Jetzt bin ich dran!«, erklärte Schorsch. »Ich kann das viel besser!« Monika wickelte ihn vollständig mit einem langen Grashalm ein, damit Schorsch nicht mogelte. Als sie fertig war, rief er: »Los, haltet mir das nächste Rätsel unter die Nase!«

»Ein Regenwurm hat keine Nase!«, erinnerte ihn Herr Günter.

»Das ist ungerecht«, meckerte Schorsch und fühlte sich wieder einmal benachteiligt. Es blieb ihm nichts anderes übrig, als mit seinem Regenwurm-

schwanzspitzenzipfelchen das Rätsel zu ertasten. »Mhm«, brummelte er. »Unten dürr und lang, oben dick und flauschig ... Klar wie Tümpelbrühe! Das ist eine Monsterpusteblume!« Er riss sich den Grashalm ab und stellte fest: Vor ihm stand gar keine riesige Pusteblume, sondern Herr Günter.

»Jetzt bin ich dran!«, forderte der Gänserich. »Beim Rätselraten gewinne ich immer.«

»Nein, ich darf noch mal«, behauptete Schorsch. »Ich hab ja bloß verloren, weil ich keine Nase habe.«

Monika nickte eifrig und wickelte ihn wieder in den Grashalm. »Schorsch hat wirklich eine zweite Chance verdient!«

Herr Günter fand das nicht gerecht. Deshalb machte er sich auf die Suche nach einem besonders schweren Rätsel für Schorsch. Suchend lief er durch den Garten und guckte sich nach etwas Passendem um. Eine duftende Rose? Viel zu leicht. Ein wohlriechender Lavendelzweig? Das war ja noch leichter. Plötzlich entdeckte Herr Günter einen Aronstab. Das war genau das richtige Rätsel für den Vordrängler Schorsch. Er rupfte den Aronstab aus und hielt ihn dem Regenwurm vors Gesicht.

»Bäh«, sagte Schorsch. »Ich habe keine Nase, aber ich merke ganz genau, hier stinkt was. Das ist aber komisch.«

»Ein Regenwurm wie du kann auch ohne Nase riechen«, erklärte Herr Günter.

Monika wackelte fröhlich mit ihren Fühlern. »Dann kannst du das Rätsel bestimmt schnell lösen!«

»Klar!«, gab Schorsch an. »Das ist ein Klacks für mich.« Er näherte sein Regenwurmschwanzspitzenzipfelchen dem Aronstab. »Puh!«, sagte er. »Stinkt nach altem Käse. Das sind eindeutig Herrn Günters Käsefüße!«

»Meine Füße stinken nicht!«, ärgerte sich Herr Günter. »Außerdem ist das eine Pflanze! Nicht alle Blumen duften gut.«

»Das glaub ich nicht«, meckerte Schorsch und wickelte sich aus dem Grashalm. »Hä?«, wunderte er sich. »Das ist ja eine Stinkeblume!«

Auch Monika verzog das Gesicht. »Warum duftet die Blume denn nicht so gut wie die anderen?«, wollte sie wissen.

»Blumen senden Gerüche aus, um Insekten anzulocken«, erklärte Herr Günter.

Wie riechen Schnecken und Regenwürmer ohne Nase? Schnecken können mit ihren kleinen Fühlern und den Lippen riechen. Ein Regenwurm hat am ganzen Körper Sinneszellen, mit denen er Licht und Gerüche wahrnehmen kann.

»Aber dieser Gestank lockt doch keine Bienen an!«, rief Monika und schüttelte sich.

»Nein«, gab Herr Günter ihr recht. »Aber Fliegen. Und damit hast du verloren, Schorsch.«

»Das ist ungerecht«, regte sich Schorsch auf. Er meckerte: »Die Stinkeblume müffelt ganz genau so wie Herrn Günters Füße!«

»Du bist ein schlechter Verlierer«, stellte der Gänserich fest. »Mit dir spiele ich nicht mehr.«

Schorsch ärgerte sich sehr. Er kroch davon und begann in einiger Entfernung von Monika und Herrn Günter, einen Wohngang zu buddeln. Besonders tief wollte er graben. So tief, dass er von Herrn Günter nichts mehr sehen und hören würde. »Ihr müsst sowieso schlafen!«, rief Herr Günter ihm nach und fraß ein allerletztes Blatt.

Monika wollte noch ein bisschen an den Gänseblümchen schnuppern. Erstaunt stellte sie fest, dass alle Blüten geschlossen waren. Plötzlich fühlte sie sich schrecklich einsam. »Herr Günter?«, fragte sie. »Wollen wir vielleicht noch ein bisschen

Blumen locken mit ihrem Duft Insekten an. Bei ihrem Besuch bleibt Blütenstaub an ihren Beinen oder am Rücken hängen und wird weiter zu anderen Blüten getragen. Das nennt sich bestäuben. So können Früchte entstehen.

kuscheln? Was sagen Sie dazu?«

»Wasserlinsen«, antwortete Herr Günter und watschelte zur Startbahn. »Ich sage Wasserlinsen. Die werde ich gleich am Gänseteich futtern.«

Die meisten Blumen schließen abends ihre Blüten, damit der nächtliche Tau nicht den Pollen wegspült. Manche Blüten öffnen sich aber nur nachts und lassen sich von Nachtfaltern bestäuben.

Schorsch war mit seinem Gang inzwischen sehr tief gekommen. Trotzdem konnte er Herrn Günter immer noch hören.

»Pfff! Wasserlinsen«, brummte er. »Bei Herrn Günter geht es immer nur ums Fressen. Ich muss noch tiefer graben.« Er nahm Schwung mit dem Kopf, um sich weiter voranzubohren, da rutschte er plötzlich ins Nichts. Er war auf eine Höhle gestoßen!

»Komisch!«, sagte Schorsch. »Hier war doch noch vor ein paar Tagen nichts als Erde?« In der Höhle war es stockdunkel. »Hallo?«, fragte er vorsichtig. Niemand antwortete. Eigentlich war Schorsch ganz froh darüber. Man wusste schließlich nie, wer in einer Höhle wohnte. Vielleicht ein Drache? Ein seltsamer Geruch lag hier

Welche Tiere wohnen in Höhlen?

Grottenolm

Bär

Fledermaus

Höhlenvogelspinne

in der Luft, stellte Schorsch fest. Natürlich duftete es so weit unten nach frischer Erde, aber da war noch etwas anderes. Es duftete anders als alles, was er kannte. Das musste er gleich Monika erzählen! Eilig kroch der kleine Regenwurm zurück an die Erdoberfläche. Dort fraß Herr Günter gerade ein allerallerletztes Blättchen. Monika lag unter der Brombeerhecke und konnte so ganz allein immer noch nicht einschlafen.

»Ich hab eine Höhle entdeckt!«, rief Schorsch aufgeregt.

Schnell kam Monika aus dem Häuschen. Sie war froh, dass Schorsch wieder da war.

Auch Herr Günter wurde neugierig. »Eine Höhle?«, fragte er. »Wie groß ist die Höhle, und wer wohnt darin? Eine Fledermaus? Eine Assel? Ein Dachs oder etwa ein Fuchs?« Er schüttelte sich.

»Keine Ahnung«, sagte Schorsch. »Es war stockdunkel da unten. Die Höhle hatte keinen Eingang und auch keinen Ausgang.«

»Das ist wirklich sehr seltsam«, fand Herr Günter.

»Vielleicht wohnen dort die Grasmonster?« Monika zitterte bei dem Gedanken. »Ein Monster braucht keine Tür. Das kann durch Wände gehen.«

»Quark mit Quatschsoße«, sagte Schorsch. »Da

unten riecht es supergut. Ich glaube nicht, dass Grasmonster so duften.«

Das beruhigte Monika ein wenig. »Vielleicht wachsen dort unten Blümchen?«, überlegte sie. Sie steckte ihren Kopf in den Gang, den Schorsch gebuddelt hatte, und sog schnuppernd die Luft ein. »Es riecht so gut nach ... nach ... Ich habe keine Ahnung, wonach es riecht«, erklärte sie ratlos.

Herr Günter schnüffelte ebenfalls an dem Regenwurmgang. Der Duft, der aus der Erdröhre aufstieg, war so köstlich, dass er gleich Appetit bekam. Aber auch er wusste nicht, wonach es roch. Das war sehr seltsam, denn sonst wusste der kluge Herr Günter ja eigentlich immer alles. Diesmal musste er allerdings zugeben: »Auf keiner meiner weiten und sehr lehrreichen Reisen habe ich jemals so etwas Gutes gerochen.« Ratlos kratzte er sich mit seinem Schnabel am Bauch.

»Schade, dass man in der dunklen Höhle nichts sehen kann«, fand Schorsch. Aber auch draußen im Garten wurde es jetzt schnell immer dunkler. Plötzlich entdeckte er in der Gartenecke ein schimmerndes Licht. Es kam von einem Pilz, der in der Dunkelheit leuchten konnte. Dieser Leuchtpilz kam wie gerufen! Schorsch brach eine Ecke ab, und Monika sabberte Schneckenschleim darauf. Damit klebte sich der kleine Regenwurm den Leuchtpilz wie eine Lampe an seine Kappe. Nun sah er aus wie ein echter Bergarbeiter. Er kroch noch einmal hinab in die geheimnisvolle Höhle und leuchtete mit seiner Grubenlampe hinein. Und jetzt, endlich, konnte er etwas erkennen! In der Höhle war ein gemütliches Nest, ausgepolstert mit Gras und weicher Wolle. Und in dem Nest schlummerten winzige, eng aneinandergekuschelte Pelzknäuel! »Wie niedlich!«, sagte Schorsch und begann zu zählen. »Eins, zwei, drei, viele.«

»Was sieht du?«, rief Monika von oben, die vor Neugier fast platzte. »Was ist in der Höhle?«

»Hier unten sind Babys!«, rief Schorsch zurück. »Viele kleine Babys!«

Sie hatten ein kurzes

hellbraunes Fell, winzige Öhrchen, und ihre Augen waren geschlossen.

»Was sind das für Babys?«, wollte jetzt auch Herr Günter wissen.

»Niedliche Babys«, antwortete Schorsch.

Monika liebte Babys. Sie rochen so gut und waren ganz weich. Eilig kroch sie Schorsch hinterher. Damit ihr Schneckenhäuschen durch den engen Gang passte, musste sie ganz schön drücken und schieben. Sie

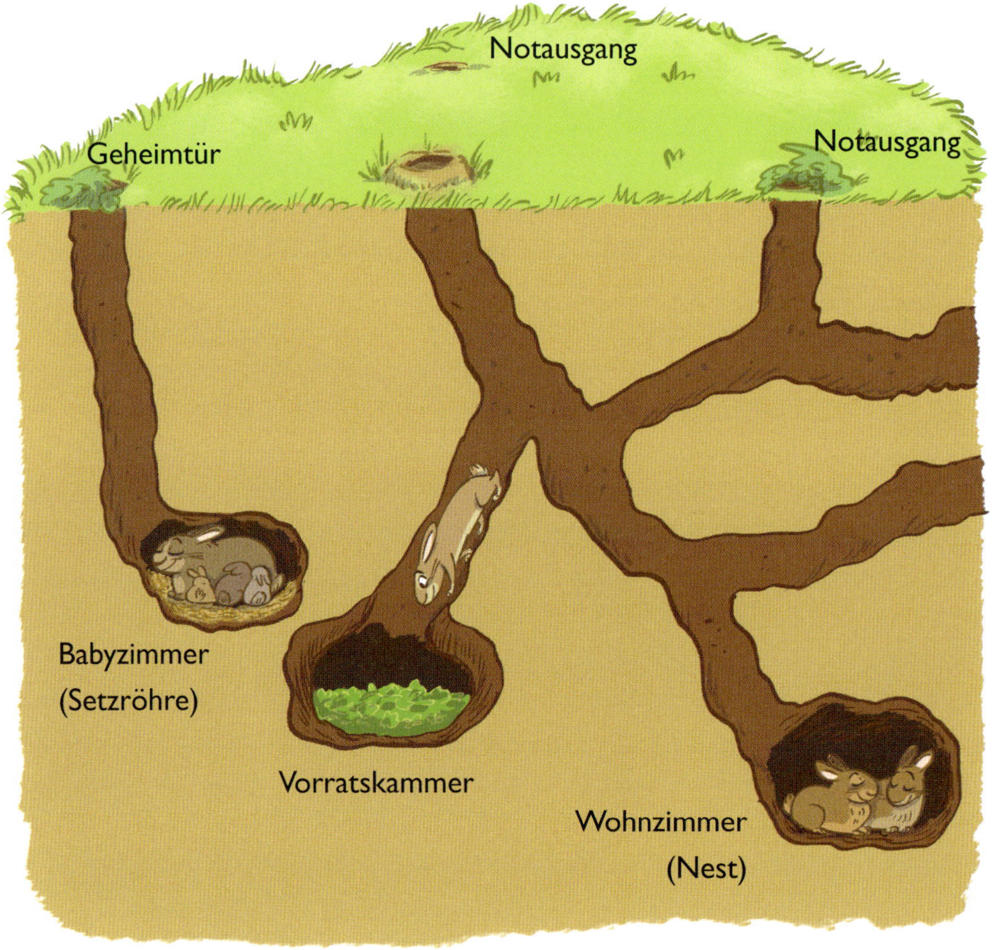

steckte ihren Kopf ebenfalls in die Höhle. Im grünen Licht von Schorschs Lampe erkannte sie das Nest. »Oh, wie süß!«, flüsterte sie, um die schlummernden Babys nicht zu wecken. Sie schnauften im Schlaf und drängten sich aneinander. »Bestimmt sind sie von ihrer Mama verlassen worden!«

Scheinbar verlassene Jungtiere darf man nicht anfassen, damit sie nicht den Geruch der Menschen annehmen und von ihren Eltern verstoßen werden.

Schorsch wiegte nachdenklich den Kopf: »Ich finde, die sehen ganz hungrig aus.«

Monika bekam sofort Mitleid. »Die Armen!«, sagte sie. »Ich werde zu ihnen hinunterkriechen und sie streicheln!«

»Das darfst du auf keinen Fall tun!«, warnte Herr Günter von oben, der seinen Kopf an den Regenwurmgang gelegt hatte und zuhörte. »Wir wissen nicht einmal, was für Tiere das sind.«

Aber Monika konnte sich nicht vorstellen, dass aus diesen süßen Fellknäueln einmal gefährliche Tiere werden sollten. Sie sah die Herzchen pochen und die kleinen Näschen schnuppern. Sehnsüchtig streckte sie ihre

Fühler nach den Babys aus. Zu gern hätte sie mit ihnen gekuschelt. »Ich werde heute Nacht hier unten schlafen«, beschloss sie. »Dann sind die armen Kleinen nicht mehr so alleine. Und ich träume nicht wieder von Grasmonstern!«

»Du darfst sie auf keinen Fall berühren! Sonst passiert etwas!«, rief Herr Günter aufgeregt.

»Was passiert denn, wenn man die Babys anfasst?«, fragte Schorsch neugierig. »Verwandeln die sich dann vielleicht in Grasmonster?«

Erschrocken zog Monika ihre Fühler ein und kroch eilig nach oben. Schorsch folgte ihr.

»So ein Unsinn«, beruhigte Herr Günter die kleine Schnecke. »Aber vermutlich ist die Mama der Babys irgendwo in der Nähe. Und wenn ihre Kinder nach Schneckenschleim riechen, erkennt sie sie vielleicht nicht mehr.«

In diesem Moment kam ein Kaninchen ihm Zickzack über die Wiese gehoppelt. Es stoppte vor Herrn Günter, sprang senkrecht in die Höhe, trommelte auf die Erde und verpasste ihm schließlich einen Haken mit den langen Hinterläufen.

So sieht ein Kaninchen von innen aus

Kaninchen warnen ihre Artgenossen mit Klopfgeräuschen. Sie sind Sprungmeister und Hakenschlager.

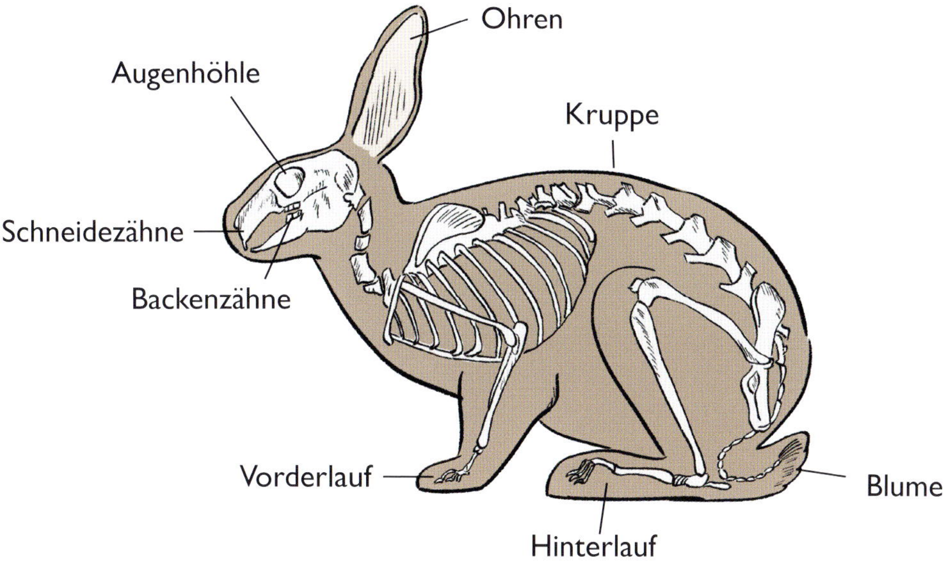

»Au!«, rief Herr Günter empört und rieb sich den Schnabel. »Was habe ich dir denn getan?«

»Räuber! Diebe!«, schrie das Kaninchen aufgebracht. »Niemand fasst meine Babys an!«

Monika und Schorsch guckten sich an. Nun wussten sie, dass in der Höhle unter der Erde Kaninchenbabys lagen. Und sie wussten auch, dass mit einer aufgebrachten Kaninchenmama nicht zu spaßen war!

Mama Mümmelmann, so hieß das Kaninchen, hüpfte nervös vor ihnen herum.

»Musst du vielleicht mal aufs Klo?«, fragte Schorsch mitfühlend.

Aber Mama Mümmelmann hörte ihm gar nicht zu. Stattdessen regte sie sich immer noch schrecklich auf. »Weg von meiner Kinderstube! Ich weiß genau, was ihr wollt!«

Monika versicherte: »Aber wir wollten doch nur lieb sein!«

Und Herr Günter fügte schnell hinzu: »Du musst keine Angst vor mir haben. Ich bin ein Gänserich!«

»Ha!«, rief Mama Mümmelmann. »Wer's glaubt! Und nachher stellt sich raus, dass du ein verkleideter Fuchs bist!«

Schorsch musste kichern. »Herr Günter soll ein verkleideter Fuchs sein? Der fürchtet sich ja selbst vor Füchsen!«

Bei dem Gedanken an einen Fuchs bekam Herr Günter tatsächlich eine Gänsehaut. »Ich schwöre!«, rief er. »Ich fresse nur Grünzeug!« Zum Beweis fraß er gleich einen Löwenzahn.

Mama Mümmelmann trommelte wieder mit den

Hinterpfoten auf die Erde und rief: »Das kann ja jeder behaupten! Trau keinem Nicht-Kaninchen!«

Herr Günter rupfte noch ein paar Gräser von der Wiese ab. Da knuffte ihn Mama Mümmelmann

plötzlich in die Seite. »Gehen Sie weg. Hier dürfen Sie nicht stehen«, schimpfte sie.

Herr Günter sah sie stirnrunzelnd an. Gerade hier wuchs wirklich prächtiger Löwenzahn. Und Herr Günter liebte Löwenzahn!

Mama Mümmelmann stemmte sich mit aller Kraft gegen Herrn Günter und versuchte, ihn wegzuschieben. »Machen Sie sich nicht so schwer!«, ächzte sie. »Rutschen Sie endlich zur Seite!« Leider war Mama Mümmelmann nur ein kleines Kaninchen und Herr Günter ein sehr stattlicher Gänserich.

»Du machst das ganz falsch«, behauptete Schorsch, der den Streit zwischen Mama Mümmelmann und Herrn Günter neugierig beobachtete. »Herrn Günter kann man ganz einfach mit Salatblättern weglocken.«

Nervös guckte Mama Mümmelmann den Regenwurm an. Sie überlegte, drehte ihre Ohren in alle Richtungen und stellte dann fest: »Du bist auch ein Nicht-Kaninchen. Dir trau ich auch nicht über den Weg.«

Wieder versuchte sie, Herrn Günter wegzuschieben. Aber keine Kraft der Welt konnte ihn von den prächtigen Löwenzahnblättern trennen. Die Kaninchenmama trommelte verzweifelt mit den Hinterläufen auf die Wiese.

»Wir müssen der armen Mama Mümmelmann helfen«, sagte Monika.

Schorsch nickte. Er pflückte ein paar Löwenzahnblätter und legte damit eine Spur zum Gemüsebeet. »Sehen Sie doch, Herr Günter!«, rief Monika. »Da drüben wächst noch viel schönerer Löwenzahn.«

»Wirklich?« Erfreut lief der Gänserich der Blätterspur nach, bis er im Gemüsebeet ankam. »Ah!«, seufzte er zufrieden und machte es sich zwischen den Salatköpfen gemütlich. »Frischer Salat.«

Das Kaninchen beobachtete ihn aus sicherer Entfernung. Als es merkte, dass Herr Günter ein Salatblatt nach dem anderen in sich hineinstopfte, beruhigte es sich allmählich.

Es hoppelte ganz dicht an Monika und Schorsch heran und flüsterte: »Ich dachte, er hat mit Absicht auf meiner Geheimtür gestanden.«

Verwundert guckte sich Monika um.

»Was für eine Geheimtür?«, fragte Schorsch laut.

Mama Mümmelmann stellte sofort die Ohren auf und machte: »Pst!«

Sie schnupperte eine Weile im Gras herum, dann stellte sie fest: »Hier hab ich das Zeichen gemacht!«

Monika und Schorsch beugten sich über die Stelle. Sie suchten nach einem Kreuzchen oder einem Schlüsselloch. Aber sie konnten nichts entdecken.

Diese Geheimtür war wirklich sehr geheim!

»Ich habe die Tür mit einem Duftstempel markiert!«, erklärte Mama Mümmelmann. Sie begann, mit ihren Pfoten Gras und Erde zur Seite zu schieben. Und darunter kam tatsächlich ein Geheimgang zum Vorschein!

Kaninchen verständigen sich über Gerüche. Sie haben Duftdrüsen am Kinn und am Hinterteil. Damit markieren sie ihr Wohngebiet, ihre Verwandten und den geheimen Eingang zum Babyzimmer.

»Hast du deine Kinder etwa eingesperrt?«, fragte Schorsch empört.

Nervös guckte sich Mama Mümmelmann um. »Das ist nur wegen der Räuber! Die kommen in der Nacht!«

Monika erschrak. Es war ja bald Nacht! »Räuber?«, fragte sie ängstlich.

Mama Mümmelmann nickte so eifrig, dass ihre Ohren flatterten. »Ja! Damit meine Babys nicht von Räubern gestohlen werden, besuche ich sie nur zweimal am Tag! Dann kuschle ich mit ihnen und füttere sie mit Milch.«

»Nur zweimal am Tag mit der Mama kuscheln? Wie traurig!«, fand Monika.

Und Herr Günter sagte: »Nur zweimal am Tag fressen? Wie schrecklich!«

Mama Mümmelmann nickte. Es fiel ihr auch nicht leicht, ihre Babys so lange alleine zu lassen. Aber nur so konnte sie sie beschützen. Sie setzte ein Pfötchen in den unterirdischen Gang und sah sich wieder ängstlich um. Hatte da etwas im Gebüsch geraschelt?

Herr Günter hatte eine Idee: »Und wenn ich Wache halte?«, schlug er vor. »Ich setze mich einfach auf die offene Geheimtür. Dann kannst du in Ruhe zu deinen Kindern gehen.«

Rasch kroch Schorsch um Herrn Günter herum. Er benutzte sich selbst als Lineal und maß die Breite des Gänsebürzels aus. »Ja«, stellte er zufrieden fest. »Der ist groß genug.«

Aber Mama Mümmelmann traute dem Gänserich

immer noch nicht ganz. Sie klopfte prüfend auf seinen Bauch und zog an seinem Federkleid. »Aua!«, sagte Herr Günter.

»Scheint alles echt zu sein«, stellte Mama Mümmelmann fest. »Machen Sie mal den Schnabel auf!«

Herr Günter sperrte brav seinen Gänseschnabel auf, und Mama Mümmelmann guckte hinein. »Keine spitzen Fuchszähne«, sagte sie erleichtert. »Und was ist Ihre Lieblingsspeise?«

»Salat!«, rief Herr Günter begeistert.

»Meine auch!«, sagte Mama Mümmelmann erstaunt.

»Wir essen alle sehr gerne Salat«, versicherte Schorsch.

»Besonders, wenn er schon ein bisschen matschig ist«, erklärte Monika.

Jetzt schien Mama Mümmelmann endlich überzeugt zu sein. »Also gut!« Sie kam mit ihrem Kopf ganz nah an die drei Freunde heran und flüsterte: »Traut keinem Nicht-Salatesser!« Nervös guckte sie sich noch ein letztes Mal um. Dann verschwand sie in dem geheimen Tunnel. Herr Günter setzte sich wie versprochen darauf und verstopfte die Öffnung mit seinem Hinterteil.

Schorsch und Monika wollten natürlich unbedingt zugucken, wie die Babys gefüttert wurden. Eilig krochen sie in Schorschs Regenwurmgang.

»Erzählt mir mal, was passiert«, sagte Herr Günter. Bisher war er immer sehr stolz darauf gewesen, so groß und stattlich zu sein. Jetzt ärgerte er sich darüber. Er passte einfach nicht in den winzigen Regenwurmgang hinein. Außerdem musste er ja auf der Geheimtür sitzen und aufpassen, dass keine Räuber kamen. Herr Günter legte den Kopf auf die Erde. So konnte er wenigstens alles hören.

Schorsch leuchtete mit seiner Grubenlampe in die geheime Kinderstube. Mama Mümmelmann war schon da. Die Babys hoben mit geschlossenen Äuglein ihre Näschen und schnupperten. Dann krabbelten sie schnurstracks auf ihre Mama zu. Die zählte die Namen ihrer Kinder auf. »Mümmi, Mimmi, Mömmi und Mummi. Alle da«, seufzte sie erleichtert. Jedes Baby suchte sich seinen Platz an ihren Zitzen und begann zu nuckeln.

Kaninchenbabys sind blind und taub, können aber schon sehr gut riechen. Sie finden die Milchquelle durch einen Duftstoff an den Zitzen ihrer Mama, der sie anlockt.

»Was passiert denn da unten?«, fragte Herr Günter, weil nichts zu hören war.

»Die Babys trinken«, erklärte Monika.

Schorsch wunderte sich: »Aber wie haben sie ihre Mama mit geschlossenen Augen gefunden?«

»Es ist der Duft!«, rief Herr Günter. »Der zieht sie magisch an!«

Die Babys tranken schnell und hastig, und ihre Bäuchlein wurden dabei ganz rund. Danach wusch Mama Mümmelmann alle vier sehr gründlich mit ihrer Zunge. Hinter den Ohren, am Schnäuzchen und sogar am Popo. Zum Schluss stupste sie jedes Kaninchenbaby liebevoll mit der Mümmelnase an und seufzte. Sie musste Abschied nehmen.

»Arme Mama«, sagte Monika.

»Aber es muss sein«, erklärte Mama Mümmelmann. »Sonst bringe ich meine Lieblinge in Gefahr.«

Monika dachte daran, wie gern sie die süßen Babys gestreichelt hätte. Sie war ein bisschen stolz auf sich, dass sie es nicht gemacht hatte. Obwohl es ihr so schwergefallen war.

Mama Mümmelmann krabbelte durch den geheimen Tunnel zurück nach oben. Am Ausgang klopfte sie kräftig mit der Pfote gegen Herrn Günters Hinterteil. »Aus dem Weg!«

»Huch!« Erschrocken flatterte Herr Günter in die Luft. Das Kaninchen verschloss den Geheimgang mit Erde und legte Gras darauf. Dann drückte es wieder seinen Duftstempel darauf. Es musste die geheime Tür ja wiederfinden.

»Vielen Dank fürs Wachehalten!«, sagte Mama Mümmelmann zu Herrn Günter. Dann guckte sie sich nervös um. »Ich muss los! Man weiß nie, wer im Gebüsch wartet.«

Monika bekam große Augen. »Vielleicht die Grasmonster?«

»Wer weiß das schon?«, flüsterte Mama Mümmelmann. »Die Räuber lauern überall!«

In der Brombeerhecke raschelte es. Mama Mümmelmann erschrak und flitzte davon. Sie schlug auf der Wiese einen Haken, winkte ihnen noch einmal aus der Ferne, dann war sie in der einsetzenden Dunkelheit verschwunden.

Monika und Schorsch blieben auf der Wiese zurück und horchten auf die Geräusche des Gartens. Überall knisterte und knackte es.

»Ich muss jetzt schnell an den Gänseteich fliegen«, teilte Herr Günter ihnen mit. »Bevor es zu dunkel wird und ich den Weg nicht mehr finde.« Er watschelte zur Startbahn und dachte an seine Wasserlinsen.

Wieder knackte es im Gebüsch.

»Schorsch?«, fragte Monika. »Hast du das gehört?«

»Ja«, sagte Schorsch. »Jetzt hat Mama Mümmel-

mann so viel von Räubern erzählt, dass ich mich auch fürchte. So ein Mist aber auch. Bestimmt träume ich heute Nacht sehr schlecht von Räubern und Grasmonstern.«

»Ich glaube«, sagte Monika, »ich kann gar nicht schlafen.«

»Ob die Babys schlafen können?«, überlegte Schorsch. »Wollen wir mal nachgucken?«

»Lieber nicht.« Monika seufzte. »Wenn das ein Räuber sieht!«

Schweren Herzens schob Schorsch den kleinen Regenwurmgang zu, durch die sie in die Kinderstube geguckt hatten.

»Sei nicht traurig. Es ist richtig so«, sagte Monika.

»Jaja, ich weiß«, maulte Schorsch. »Das, was richtig ist, macht aber meistens keinen Spaß.«

»Wenn man jemanden lieb hat, darf man aber nicht nur an sich selbst denken«, fand Monika.

Herr Günter, der schon Anlauf für den Start genommen hatte, bremste ab und seufzte. »Also gut«, sagte er. »Ich verzichte auf meine Wasserlinsen und bleibe heute im Garten. Damit ihr nicht von Grasmonstern und Räubern träumt.«

Einen Moment später lagen sie alle drei unter der Brombeerhecke. Schorsch und Monika kuschelten sich in Herrn Günters Gefieder. Dort war es gemütlich, und es roch sehr gut nach Salatblättern und nach Gänserich.

»Soll ich euch noch von einer meiner weiten und sehr lehrreichen Reisen erzählen?«, fragte Herr Günter. Aber Monika und Schorsch antworteten nicht. Sie schliefen schon tief und fest.

Ganz in ihrer Nähe, in der geheimen Höhle unter der

Erde, lagen eng aneinandergekuschelt die vier Kaninchenbabys. Auch sie schliefen und träumten von ihrer Mama und von dem Duft der süßen Milch.

4.
Stinkbombenalarm!

Welche tierische Waffe hat der Bombardierkäfer?

Mitten auf der Wiese stand ein seltsames Ding. Es sah aus wie ein Käfig und versperrte einer Ameise den Weg.

»Nö, nö, nö!«, maulte die Ameise. »Soll ich jetzt etwa einen Umweg laufen? Nö!«

Sie guckte das seltsame Ding an und überlegte, wozu es gut sein konnte. »He!«, rief sie schließlich. »Ist da einer untendrunter?«

»Klar wie Tümpelbrühe!«, antwortete eine Stimme.

Erschrocken rannte die Ameise davon.

In diesem Moment flog der Graugänserich Herr Günter über den Garten. Er versuchte, so leise wie möglich zu landen, und schnatterte auch nicht wie sonst zur Begrüßung. Stattdessen trippelte er auf den Spitzen seiner platten Gänsefüße zu dem Ding auf der Wiese. Es sah aus wie eine große Glocke, war aus Grashalmen geflochten und hatte oben einen Griff, der aus einer Haselnuss bestand. Herr Günter packte die Nuss mit dem Schnabel und hob das Ding an.

»Erwischt!«, rief Schorsch. Zusammen mit der kleinen Schnecke Monika hatte er unter dem Ding gesessen, das nun achtlos über die Wiese rollte. Monika schaute den Gänserich vorwurfsvoll an. Verlegen suchte der nach einer Ausrede. »Ich wollte nur überprüfen, ob alles in Ordnung ist.«

»Quark mit Quatschsoße«, meckerte Schorsch. »Wir wissen genau, was Sie wollten! Das ist jetzt schon das dritte Mal, dass Sie es versuchen!«

»Oh, seht doch«, rief Monika plötzlich und guckte staunend nach oben. Unter dem Ding war neben Monika und Schorsch nämlich noch etwas anderes gewesen. Ein Löwenzahn! Und der hatte sich in der Nacht in eine flauschige, kugelrunde Pusteblume verwandelt!

»Das ist ja wie Zauberei!«, rief Schorsch begeistert.

»Sie ist wunderschön«, flüsterte Monika.

Auch Herr Günter freute sich. »Na bitte. Wir haben es geschafft!«

»Das hat aber nichts mit Ihnen zu tun«, meckerte Schorsch.

Monika kroch um den dicken Stiel herum. Es hatte schon sehr lange keine Pusteblume mehr im Garten gegeben. Damit eine Pusteblume entsteht, muss ein Löwenzahn nämlich erst einmal verblühen. Aber dazu kam es nie, weil Herr Günter jede gelbe Löwenzahnblüte, die er finden konnte, sofort fraß. Schorsch liebte

Pusteblumen. Und Monika auch. Deshalb hatten sie vor einigen Tagen eine Schutzhaube geflochten und über einen Löwenzahn auf der Wiese gestülpt. Ein paarmal hatte Herr Günter versucht, auch diese Blume aufzufuttern. Aber zum Glück hatten Monika und Schorsch sie bewacht. Und deshalb gab es jetzt endlich wieder eine Pusteblume im Garten! Die drei Freunde setzten sich feierlich im Kreis drum herum. Wie schön die vielen weißen Schirmchen aussahen!

»Was wollen wir mit der Blume machen?«, fragte Schorsch unternehmungslustig.

»Es muss etwas ganz Besonderes sein!«, seufzte Monika.

Und Herr Günter sagte: »Ich hätte da schon eine Idee!«

Aber auch die anderen hatten eine Idee. Monika durfte ihre als Erste sagen. »Wir müssen ein Bild von der Pusteblume malen, bevor der Wind sie kaputt macht«, erklärte sie. »Das können wir dann jeden Tag angucken und uns freuen.« Monika sah sich gern schöne Dinge an. Am liebsten Blumen und bunt gefärbte Blätter.

»Du weißt genau, dass ich nicht malen kann!«,

beschwerte sich Schorsch und zappelte herum. »Außerdem ist Angucken langweilig.« Er lag nicht gern still im Gras und war immer auf der Suche nach einem Abenteuer. »Ich weiß was Besseres«, verkündete er. »Ich halte mich an den Schirmchen fest und segle damit durch den Garten.«

Herr Günter drehte den Kopf zu den Bäumen, die im Garten standen. Nicht einmal die Blätter bewegten sich. »Heute ist es windstill«, stellte er fest. »Meine Idee ist ohnehin die beste. Wir werden die Schirmchen zählen.«

»Aber das sind viel zu viele!«, meckerte Schorsch. »Sie wissen doch, dass ich noch nicht so weit zählen kann!«

Herr Günter hob missmutig die Flügel. »Dann eben nicht.«

»Wir sollten bei meiner Idee bleiben«, sagte Monika. »Wir malen die Pusteblume.«

»Och nö!«, maulte Schorsch. »Das dauert ja ewig. So viel Geduld hab ich auf keinen Fall.«

Egal, was sie sich ausdachten, nie waren sie einer Meinung. Und Schorsch bekam auch noch ständig alles in den falschen Hals. Ob es vielleicht daran lag, dass er einen besonders langen Hals hatte?

»So ein Mist aber auch«, regte sich Schorsch auf. »Das ist doch zum Haareraufen.«

»Ein Regenwurm hat keine Haare«, bemerkte Herr Günter.

Monika wurde traurig. »Aber wir sind doch Freunde!«, sagte sie. »Freunde müssen immer einer Meinung sein!«

Sie guckten die schöne Pusteblume an und dachten nach. Jeder von ihnen wollte etwas anderes. Sollten sie mit den Schirmchen fliegen? Ein schönes Bild von der Blume malen? Oder die Samenkörnchen zählen?

Schließlich sagte Herr Günter: »Wenn ich die Pusteblume einfach auffresse, sind wir alle Sorgen los.«

»Nein!«, rief Schorsch sofort, und Monika bat: »Lasst uns lieber weiter nachdenken!«

Nachdenken konnte Herr Günter am besten, wenn er dabei etwas futterte. Er riss sich ein großes Rhabarberblatt ab. In diesem Moment knallte es ganz laut, und irgendetwas schoss an seinem Schnabel vorbei.

»Hilfe!«, schrie Herr Günter. »In Deckung!«

Er schmiss sich der Länge lang ins Gras. Monika verkroch sich sofort in ihrem Häuschen.

»So ein Mist aber auch!«, schimpfte Schorsch. »Da hat uns einer beschossen!«

Vorsichtig guckte Monika aus ihrem Haus heraus. »Geht es Ihnen gut, Herr Günter?«, fragte sie.

»Ich glaube schon.« Der Gänserich untersuchte sein Federkleid und stellte fest: »Aber hier ist ein Fleck! So eine Frechheit!«

»Wer war das nur?«, jammerte Monika.

Sie duckten sich ins Gras und spähten vorsichtig durch die Halme hindurch. Aber sie konnten niemanden entdecken.

»Vor allem, was will der von uns?«, fragte Herr Günter.

»Das ist ja wohl klar wie Tümpelbrühe!«, rief Schorsch. »Der will unsere Pusteblume klauen!«

Erschrocken sahen sie sich nach der Blume um. Sie stand noch immer mitten auf der Wiese und schaukelte ganz leicht.

»Was machen wir bloß?«, fragte Monika unglücklich. »Wie kommt eine Kanone in unseren Garten?«

»Und wer hat sie abgeschossen?«, wollte Schorsch wissen.

Tiere mit Schusswaffen

Amerikanische Vogelspinne – schleudert einem Angreifer zur eigenen Verteidigung Brennhaare wie Giftpfeile entgegen.

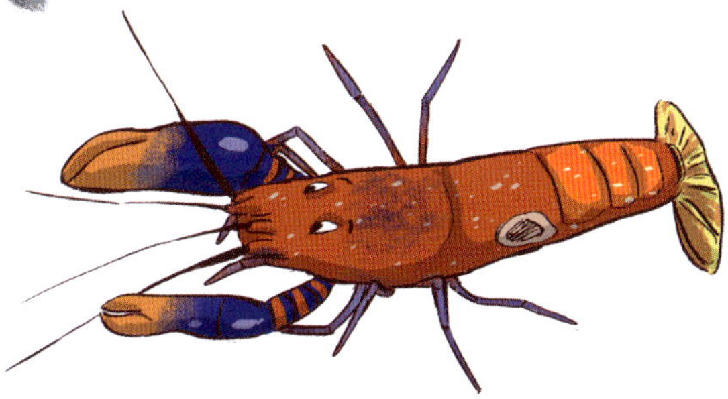

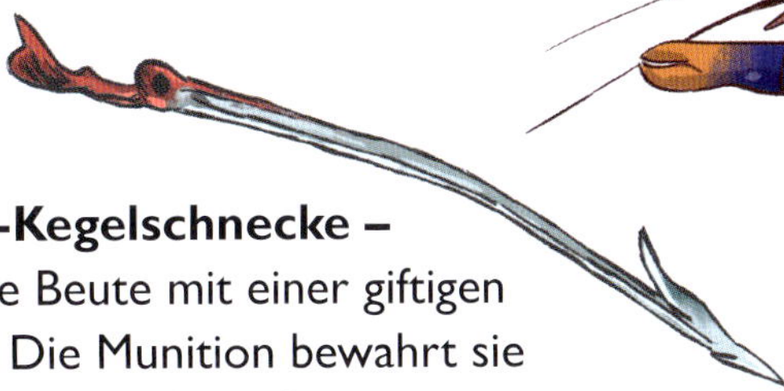

Streifen-Kegelschnecke – erlegt ihre Beute mit einer giftigen Harpune. Die Munition bewahrt sie in ihrer Mundtasche auf.

Pistolenkrebs – klappt seine Pistolenschere so schnell zu, dass eine Dampfblase entsteht, die mit einem lauten Knall zusammenfällt. Dabei entsteht eine starke Druckwelle, die die Beute betäuben kann.

Schützenfisch – schießt Insekten mit einem gezielten Wasserstrahl ab, den sie mit Karacho ausspucken.

Herr Günter dachte angestrengt nach. Auf seinen weiten Reisen war er einigen gefährlichen Tieren begegnet. Löwen, Tigern und sogar Krokodilen. Aber welches Tier hatte eine Waffe und ballerte damit herum? »Vielleicht ist es ein Pistolenkrebs?«, überlegte er.

»Ich mag keine Pistolen«, erklärte Monika. »Damit kann man jemandem wehtun.«

Herr Günter dachte weiter nach. »Nein, Pistolenkrebse leben im Meer. Ein Pistolenkrebs kann es also nicht sein. Eine Vogelspinne? Aber die schießt mit Speeren und nicht mit Kanonenkugeln.«

Schorsch schnüffelte an Herrn Günters Flügel und sagte dann: »Das war keine Kanonenkugel, das war eine Stinkbombe.«

»Oje«, jammerte Monika. »Meint ihr, wir haben ein Stinktier im Garten?«

Herr Günter versuchte vergeblich, den Fleck aus seinen Federn zu reiben. »Stinktiere gibt es eigentlich nicht bei uns«, sagte er nachdenklich.

»Aber wer war es denn dann?« Vor lauter Angst zog sich die kleine Schnecke wieder in ihr Häuschen zurück.

»Ich werde das auskundschaften«, erklärte Schorsch. »Wie ein Spion!«

»Ist das vielleicht gefährlich?«, fragte Monika.

»Keine Sorge«, sagte Schorsch. »Ich bin ein sehr geschickter Spion!«

»Aber dieses Tier hat eine Kanone!«, machte sich Monika dennoch Sorgen.

Schorsch guckte an sich herunter. Seine Haut war sehr schön rosa, aber eben auch sehr empfindlich. »Na und?«, sagte er trotzig. »Und ich hab dafür ... ähm ... ich hab ... ähm ...«

»Du hast nichts, Schorsch«, stellte Herr Günter fest. »Du solltest lieber in Deckung gehen, und ich sehe nach.«

Herr Günter richtete sich auf, und sofort traf ihn die nächste Stinkbombe. »Au!«, rief er und warf sich wieder flach auf den Boden. »Das war heiß!« Er pustete mit dem Schnabel auf seinen Bürzel, der qualmte. Zum Glück hatte es nur die äußeren Federn erwischt.

»Sie sind viel zu dick, Herr Günter«, behauptete Schorsch.

»Ich bin nicht dick!«, wehrte sich der Gänserich. »Ich bin lediglich stattlich!«

»Sie können sich aber nicht anschleichen, ohne dass es einer merkt«, stellte Schorsch fest.

»Dann muss ich wohl nachsehen«, sagte Monika tapfer. »Ich habe ein sehr festes Häuschen. Das beschützt mich, wenn wieder eine Stinkbombe geflogen kommt.«

Sie begann loszukriechen. Weil sie dabei zur Sicherheit in ihrem Haus blieb, kam die kleine Schnecke noch langsamer voran als sonst.

»Das dauert viel zu lange!«, meckerte Schorsch. »Inzwischen hat die Knalltüte unsere Pusteblume erobert.«

Monika gab auf. Sie keuchte vor Anstrengung und war dabei nicht einmal eine Schnirkelschneckenfühlerlänge weit gekommen.

»Ich habe vielleicht keine Kanone«, erklärte Schorsch, »aber viele Muskeln! Ich bin ein sehr starker

Regenwurm, und ich kann prima buddeln. Deswegen schleiche ich mich unter der Erde an! Außerdem hab ich eine tolle Idee.«

Er setzte seine Kappe verkehrt herum auf: »Das ist Tarnung. So erkennt mich keiner.«

Ohne eine Antwort abzuwarten, verschwand Schorsch im Boden. Strecken, zusammenziehen, strecken, zusammenziehen. So kam er schnell vorwärts. Unter der Erde war es ganz still und dunkel, aber Schorsch fürchtete sich nicht. Er war ja ein Regenwurm. Und Regenwürmer kennen sich unter der Erde aus. Er wusste genau, wo oben und unten war. Aber wo war der Kerl mit der Kanone? »Ich muss doch mal nachgucken«, brummelte Schorsch. Er buddelte sich an die Oberfläche und steckte seinen Kopf heraus. Vor ihm lag die Wiese. In der Ferne konnte er die Pusteblume blitzen sehen. Schorsch drehte sich um. Und ent-

Regenwürmer haben einen besonderen Sinn, mit dem sie spüren können, wo oben und unten ist. Dieser Sinn nennt sich Gravitätssinn.

deckte hinter sich einen winzigen Käfer in einer prächtig schillernden Uniform.

»Na, Kleiner?«, sagte Schorsch freundlich.

Der Käfer spreizte seine Deckflügel. »Kleiner?«, fragte er böse. »Ich bin der große General Bombastus!« Dann drehte er ganz langsam sein Hinterteil und richtete es genau auf Schorsch.

»He!«, rief Schorsch. »Bist du etwa die Knalltüte, die hier rumballert?« Er kroch fix ein Stück zur Seite. Das bedrohliche Hinterteil blieb auf ihn gerichtet.

»Wag es ja nicht!«, schimpfte Schorsch und verschwand schnell wieder in seinen Gang. Gerade rechtzeitig, denn direkt über ihm schlug ein Böller ein. Der Käfer pustete den Qualm von seiner Popomündung und zielte auf das Erdloch, in dem Schorsch verschwunden war. Kaum streckte der Regenwurm wieder seinen Kopf aus der Erde, brüllte der Käfer »Attacke!«, und ein neuer Schuss knallte aus seinem Hinterteil.

Jetzt hatte Schorsch genug. Er wollte sofort zu seinen Freunden zurück, um von dem Angreifer zu berichten. Also buddelte er sich blitzschnell tiefer in die Erde und kroch zurück Richtung Pusteblume. Als er das nächste Mal wieder auftauchte, sah er Herrn Günter und eine

sehr glückliche Monika vor sich. »Wie schön, dass du wieder da bist!«, rief sie erleichert.

»Was hast du herausgefunden?«, fragte Herr Günter.

Schorsch beschrieb den kampflustigen General Bombastus, der mit seinem Popo herumballerte. »Der hätte mich beinah getroffen!«, regte er sich auf.

»Das klingt nach einem Bombardierkäfer!«, sagte Herr Günter nachdenklich. »Seine Stinkbomben sind gefährlich! Die explodieren! Und sie sind kochend heiß!«

Er pustete auf die Stelle an seinem Bürzel, die immer noch wehtat.

»Na, hoffentlich hat sich die Knalltüte dabei auch gleich selbst den Po verbrannt«, hoffte Schorsch.

»Keineswegs«, erklärte Herr Günter. »Er mischt seine gefährlichen Kanonenkugeln nämlich erst vor dem Schuss zusammen.«

So sieht ein Bombardierkäfer von innen aus

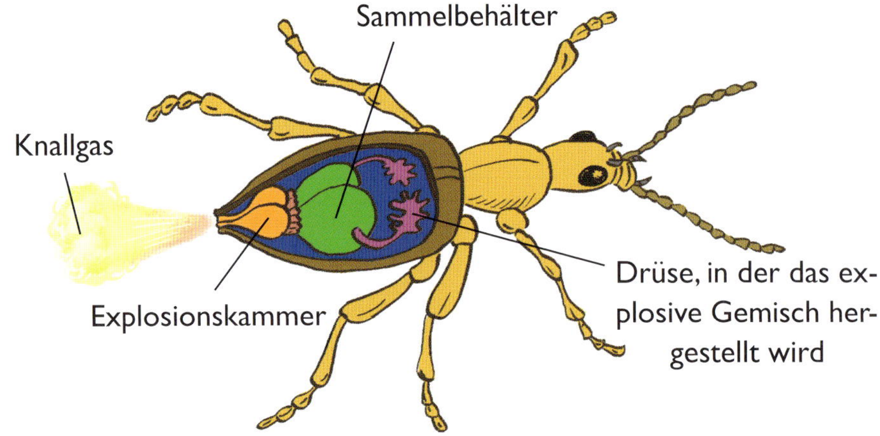

Damit sich der Bombardierkäfer nicht selbst den Po verbrennt, mischt er die beiden Chemikalien, die einzeln harmlos sind, erst zusammen, wenn er sie braucht. In der Explosionskammer entsteht eine chemische Reaktion. Mit einem lauten Knall spritzt das kochend heiße, giftige Gemisch heraus!

Monika begann zu weinen. Der Tag hatte so schön begonnen: mit Sonnenschein und einer Pusteblume. Aber nun fühlte sie sich nicht mehr sicher im Garten. »Vielleicht sollten wir dem General Bombastus unsere Pusteblume geben«, schluchzte sie. »Bestimmt lässt er uns dann in Ruhe.«

Herr Günter machte sich große Sorgen: »Wenn wir ihm heute unsere Pusteblume geben, will er vielleicht morgen unseren Salat!«

»Und übermorgen mein Schneckenhäuschen!«, schniefte Monika entsetzt. »Mein Schneckenhäuschen gebe ich nicht her!«

»Wir müssen uns wehren!«, rief Schorsch.

»Aber zuerst müssen wir die Pusteblume retten!«, bat Monika.

»Auch den Salat«, forderte Herr Günter.

»Und mein Regenwurmschwanzspitzenzipfelchen«, sagte Schorsch.

Herr Günter sah Schorsch erschrocken an. Daran hatte er gar nicht gedacht. Monika und Schorsch waren in Gefahr! Aber er würde seine Freunde verteidigen! Und natürlich den Salat.

»Bleibt bei der Pusteblume!«, rief er und rannte wild schnatternd über die Wiese. »Huhu! Hier bin ich, General Bombastus! Mich triffst du nie!«

Natürlich versuchte es der Bombardierkäfer trotzdem. Er richtete sein Kanonenrohr auf Herrn Günter und ballerte los.

»Huch!«, schrie der schwere

Gänserich und flatterte erschrocken in die Höhe. Egal, wo er hinflüchtete, die Stinkbomben verfolgten ihn. Der Bombardierkäfer schoss nach oben, nach hinten und sogar um die Ecke! Es schien, als hätte Herr Günter keine Chance, heil aus der Sache herauszukommen. Er hüpfte wild durch den Garten. »Huch! Hey! Unverschämtheit! Was soll denn das!«, schrie er dabei.

Der Bombardierkäfer kann in jede beliebige Richtung schießen. Er hat ein sehr bewegliches Hinterteil und an den Spritzdrüsen Rückstrahler, die seine Stinkbomben treffsicher überallhin lenken.

Monika war in der Zwischenzeit am Stängel der Pusteblume hochgekrochen. Unten klammerte sich Schorsch mit aller Kraft an die Blume. Plötzlich entdeckte General Bombastus die beiden. Obwohl er einige Meter entfernt war, drehte er seinen Kanonenpo zu ihnen hinüber und zielte. Herr Günter flatterte herbei, griff mit dem Schnabel nach der Schutzhaube und stülpte sie im letzten Moment über Schnecke, Regenwurm und Pusteblume! Peng! Die Stinkbombe knallte an das Grasgeflecht. »Ätschbätsch!«, rief Schorsch von drinnen. »Nicht getroffen!«

»Was machen wir nur?«, fragte Monika.

»Wir müssen zurückschießen!«, fand Herr Günter.

Monika stellte sich vor, wie es wäre, wenn auch die Vögel und die Ameisen und überhaupt alle Tiere im Garten zurückballern würden. »Das wäre wirklich sehr gefährlich!«, überlegte sie.

Schorsch hatte eine andere Idee: »Bei so einer Knalltüte hilft nur Schimpfen. Ich kenne die besten Schimpfwörter! Da verzieht sich dieser olle General bestimmt gleich.«

Herr Günter schüttelte den Kopf. »Worte können hier sicher nicht helfen.«

»Und wenn es liebe Worte sind?«, fragte Monika. »Wir könnten versuchen, mit General Bombastus zu reden und Freundschaft zu schließen!«

Sofort regten sich Schorsch und diesmal auch Herr Günter auf. »Mit dem rede ich nicht!«, meckerte der kleine Regenwurm, und der Gänserich schimpfte: »Der hat meinen Bürzel beschossen!«

Herr Günter wollte lieber zurückschießen. Schorsch war

immer noch dafür zu schimpfen. Und Monika fand es besser, mit dem Käfer zu reden. Wieder konnten sie sich nicht einigen. Sie waren doch aber Freunde. Sollten sich Freunde nicht immer einig sein?

Schließlich schlug Herr Günter vor: »Wir könnten den Garten für immer verlassen und an den Gänseteich ziehen!«

»Nein!«, rief Schorsch erschrocken, und Monika bat: »Lasst uns lieber weiter nachdenken!«

Weil Herr Günter am allerbesten nachdenken konnte, wenn er etwas aß, flatterte er zum Gemüsebeet. Er wollte gerade ein Blatt abzupfen, als die nächste Stinkbombe mitten auf den Salatkopf knallte. »Jetzt reicht es aber«, rief Herr Günter empört. »Ich schieße zurück!«

Er baute aus einer Astgabel und einem Grashalm ein Katapult. Dann sah er sich nach Munition um. Im Gemüsebeet entdeckte er eine Erbsenpflanze. Sie rankte sich an einem Stab in die Höhe und trug dicke Schoten, die bereits aufplatzten. Ein paar Erbsen waren schon auf die Erde gekullert. Der Gänserich hob sie auf und schoss damit quer über die Wiese in Richtung General. Aber sein Katapult war nicht so beweglich wie der

Kanonenpo von Bombastus. Herr Günter schoss zuerst daneben, dann über das Ziel hinaus, und zum Schluss traf er sich sogar selbst. »Aua!«, rief Herr Günter. »Das ging ins Auge!«

»So wird das nichts. Lasst mich mal!«, rief Schorsch und holte tief Luft: »Du olle Knalltüte! Du blöde Pokanone! Du doofer Stinkstiefel!«

Die Antwort war ein Feuerwerk aus Stinkbomben, die überall im Garten einschlugen. Auch Herr Günter wurde getroffen.

»Das hat nicht geklappt, Schorsch«, sagte Monika.

Herr Günter rannte zur Regentonne und kühlte seinen Bürzel im Wasser. »Ah! Tut das gut«, seufzte er.

Dann aber wunderte er sich. Warum war es plötzlich so still? Wo war General Bombastus?

»Hört ihr das?«, fragte Schorsch.

»Ja«, flüsterte Monika. »Es hat aufgehört.«

Geduckt flatterte der Gänserich zurück auf die Wiese. Er ließ sich neben seinen Freunden nieder und hob die schützende Grasglocke an. »Ich glaube, dem General ist die Munition ausgegangen«, sagte er.

Bombardierkäfer können bis zu achtzigmal hintereinander schießen. Dann ist ihre Munition alle und sie müssen neue herstellen.

Monika war überglücklich. »Ist endlich wieder alles friedlich im Garten?«

Leider wusste Herr Günter, dass die Angriffe bald weitergehen würden. Bestimmt stellte General Bombastus schon neue Böller her. »So ein Mist aber auch«, ärgerte sich Schorsch.

»Das Schießen hat nicht funktioniert und auch das Schimpfen nicht«, sagte Monika. »Darf ich es jetzt bitte probieren?«

Niemand hatte eine bessere Idee. »Du musst aber eine weiße Fahne schwenken«, sagte Herr Günter. »Eine weiße Fahne bedeutet Waffenstillstand.«

Herr Günter pflückte eine Margerite, ohne sie zu fressen, und Schorsch schleppte ein Stöckchen herbei. Monika klebte eins der großen weißen Blütenblätter mit Schneckenschleim daran. Zuletzt band Schorsch die weiße Fahne mit einem Grashalm am Schneckenhäuschen fest. Als Monika loskroch, wackelte bei jeder

Bewegung die weiße Fahne auf ihrem Häuschen. Zum Glück war der Käfer nicht weit.

Schorsch hielt sich mit seinem Regenwurmschwanzspitzenzipfelchen die Augen zu: »Ich kann gar nicht hingucken.«

»Wir sollten Monika begleiten!«, erklärte Herr Günter, und Schorsch kroch kurzerhand auf den Gänsefuß. Zusammen eilten sie der wackelnden weißen Fahne hinterher.

Als Monika bei General Bombastus ankam, betrachtete der misstrauisch die weiße Fahne. »Ist das eine Falle?«, wollte er wissen. In diesem Moment kamen auch Herr Günter und Schorsch an. General Bombastus schrie: »Eine Falle! Vogel, Vogel, Vogel!« Er richtete seinen Kanonenpo auf Herrn Günter und drückte ab. Nichts passierte. Er hatte wirklich keine Munition mehr.

Monika wackelte mit dem Schneckenhäuschen, um die weiße Fahne zu schwenken. »Wir wollen doch nur reden!«, versprach sie.

»Aber da ist ein Vogel!«, schrie General Bombastus und zeigte auf den gelehrten Gänserich.

»Das ist doch bloß unser kluger Herr Günter«, beruhigte Monika ihn.

»Aber er hat mein Versteck unter dem Rhabarberblatt kaputt gemacht«, beschwerte sich der General.

Herr Günter zog schuldbewusst seinen Kopf ein. »Verzeihung. Das wusste ich nicht.«

»Von wegen!«, brüllte General Bombastus und wurde ganz rot vor lauter Wut. »Mit Absicht hat er das gemacht! Er will mich fressen!« Verzweifelt drehte er sich im Kreis und rief: »Ich brauche neue Munition! Ich muss mich verteidigen!«

»Heißt das etwa, du wolltest uns gar nicht angreifen?«, fragte Monika erstaunt.

»Ich? Der Vogel hat mich angegriffen!«, zeterte General Bombastus.

»Aber nein, nein, nein!« Herr Günter wackelte mit dem Kopf. »Das war ein Missverständnis!«

Er erklärte dem aufgeregten Käfer, dass er wirklich nur Grünzeug fraß. Grünes Gras, grünen Klee und grüne Rhabarberblätter. Dann zeigte er es ihm.

»Na, so was.« Jetzt klang General Bombastus schon viel weniger wütend. Schnell schlug Herr Günter vor: »Wir sollten Frieden schließen!«

Aber Schorsch war davon noch nicht ganz überzeugt: »Der wollte unsere schöne Pusteblume klauen.«

»Hä? Niemals! Ich schwöre! Was soll ich denn mit einer Pusteblume?«, fragte General Bombastus. Und weil er eins seiner sechs Käferbeine zum Schwur hob, glaubten ihm die drei Freunde.

»Dann kann ich ja endlich zurück in meinen Wald«, sagte General Bombastus. »Ich habe mich gar nicht mehr über die Wiese getraut, weil da ständig dieser Vogel im Weg war.«

»Seht ihr?«, fragte Monika fröhlich. »Wie gut, dass wir miteinander geredet haben.«

Und dann marschierte General Bombastus davon. Quer über die Wiese, vorbei an der Pusteblume und bis zum Gartenzaun. Er kletterte ein Stück daran hoch und verschwand zwischen zwei Latten.

Schorsch befreite Monika von der Fahnenstange.

»Vielleicht ist es gar nicht so schlecht, wenn Freunde wie wir verschiedene Ideen haben«, überlegte er.

Monika nickte, sodass ihre Fühler wippten. »Man muss sich deshalb gar nicht streiten«, sagte sie.

Herr Günter lachte schnatternd. »Man sollte einfach ausprobieren, welche Idee die beste ist.«

»Jetzt ist alles wieder gut!« Monika seufzte selig. »Die Sonne scheint, und wir haben immer noch unsere Pusteblume.«

»Genau«, sagte Schorsch. »Und was machen wir nun damit?«

Plötzlich hatten alle drei dieselbe Idee. Sie stellten sich im Kreis um die Blume herum, und Schorsch sagte: »Eins!«

Dann kam Herr Günter an die Reihe: »Zwei!«

Zum Schluss rief die kleine Monika: »Drei!«

Dann pusteten die drei gleichzeitig, so kräftig sie konnten. Ein Schirmchen nach dem anderen löste sich aus der Löwenzahnblüte und tanzte über die Wiese. Jedes Samenkörnchen fand einen Platz auf der Erde, an dem es keimen und Wurzeln schlagen konnte.

»Oh!«, rief Monika glücklich. »Im nächsten Jahr werden wir ganz viele neue Pusteblumen finden!«

SCHLAUBERGERVORTRAG VON HERRN GÜNTER

WILDKANINCHEN

Was sind Kaninchen?
Wildkaninchen sind Säugetiere mit graubraunem Fell und weißem Bauch. Sie sind in der Dämmerung unterwegs und haben lange Ohren, die aber kürzer als Hasenohren sind. Sie können sehr gut riechen und hören. Wenn sie eine Gefahr erkennen, trommeln sie mit ihren Hinterbeinen auf den Boden und warnen ihre Freunde. Auf der Flucht schlagen Wildkaninchen Haken, indem sie sich beim Sprung in der Luft drehen. So können sie entkommen.

Wo leben Kaninchen und was fressen sie?
Wildkaninchen leben in Gruppen in Parks und Gärten, aber auch an Waldrändern. Am liebsten haben sie freies Gelände mit sandigen Böden, in denen sie gut graben können. Sie wohnen in einem Kaninchenbau, der aus Erdhöhlen mit einem weit verzweigten Tunnelsystem besteht. Kaninchenbabys kommen in einer weich gepolsterten Setzröhre zur Welt. Diese Babystube liegt außerhalb des Baus und hat nur einen Ausgang, den die Mama immer sorgfältig verschließt. Kaninchen fressen Gräser, Kräuter und Knospen und im Winter knabbern sie sogar Baumrinde.

Welche Superkräfte besitzen Kaninchen?
Wildkaninchen haben fast einen Rundumblick, weil ihre Augen an den Seiten des Kopfes sind und ein bisschen hervorstehen. Auch in der Dämmerung können sie noch sehr gut sehen. Obwohl es in der Babystube stockdunkel ist, finden Kaninchenbabys immer ihre Milch. Sie folgen einem besonderen Duft, den die Zitzen der Kaninchenmama aussenden.